Genuss aus dem Meer: Algen

Für Evanthia und Alain Senderens, denen ich mein Wissen, meine Liebe und meine Freude an der Kochkunst verdanke.

Éric Coisel

Genuss aus dem Meer: **Algen**

einfach köstlich & gesund

Texte: Yves Nespoulous
Fotos: Philippe Asset
Mitarbeit: Mireille Delabarre

HÄDECKE

agar-agar nori dulse kombu meersalat

arame wakame hijiki pioca carrageen

meeresbohne meeresspaghetti salicornia

agar-agar nori dulse kombu meersalat

arame wakame hijiki pioca carrageen

meeresbohne meeresspaghetti salicorni

aagar-agar nori dulse kombu meersalat

arame wakame hijiki pioca carrageen

meeresbohne meeresspaghetti salicornia

agar-agar nori dulse kombu meersalat

arame wakame hijiki pioca carrageen

inhalt

Algen – eine Entdeckung

Das ist wie eine Offenbarung: der Spitzenkoch Éric Coisel ist trotz seiner Vorliebe für die ländliche Küche von dem Geschmack der Algen Nori, Wakame und Dulse so begeistert, dass er diese neue Welle maritimer Genüsse seiner Kochbuchgemeinde nicht vorenthalten möchte. Mit seinem Buch macht er nun auf diese lange Zeit zu Unrecht vernachlässigte Gabe der Natur aufmerksam und weist uns auf den Geschmack und die gesundheitsfördernden Eigenschaften der Algen hin.

Außerdem kann er Ihnen versichern: Kochen mit Algen ist einfach und kostengünstig. In den hundertsechsundsiebzig Rezepten dieses Buches kommen nur Meeresalgen vor, die mittlerweile im Handel leicht zu erwerben sind. Die verschiedenen Algensorten vertragen sich hervorragend mit den traditionellen Zutaten unserer Küche und geben den Gerichten ein ganz eigenes Aroma, einen neuen Geschmack und auch eine andere Struktur. Die Seebarbe in einem Mantel aus Meersalat ist immer noch eine Seebarbe, das im Schmortopf zubereitete Perlhuhn mit Kombu bleibt ein Perlhuhn und die Garnelen mit Algenöl sind … unübertrefflich lecker.

Zu Beginn haben Sie als neugierige Leserin oder als Pionier der Küche sicherlich noch viele Fragen. Was wissen wir über Algen? Wer hat sie überhaupt schon einmal probiert? Wo findet man sie? Wie bereitet man sie zu? Werden sie unseren Gästen schmecken? Und der Weinkenner wird sich zudem folgende Frage stellen: Welchen Wein serviert man zu welchen Algen? Etwa hundert Seiten weiter – wenn nicht schon früher – sind diese Fragen hoffentlich zufrieden stellend beantwortet, und die Abenteurer unter den Gastgebern können einen neuen Pfeil in ihren Bogen spannen: Sie überraschen ihre Gäste mit innovativen, köstlichen und gesunden Speisen!

Eine göttliche Speise

Erste Frage: Sind Algen der Gesundheit zuträglich. Aber ja! Seit langem sind die braunen, roten und grünen Algen als die Königinnen der Riffe bekannt, als ein Refugium für Fische und als weiche Unterlage für die Meeresfrüchte. Aufbereitet findet man sie in Nahrungsergänzungsprodukten, in Kosmetika und Heilmitteln der Thalassotherapie. Die Volksheilkunde hat diesem »Gemüse des Meeres« immer schon große medizinische Wirksamkeit zugesprochen. Und die Wissenschaft hat diese Wirksamkeit bestätigt. Die Zusammensetzung des Meereswassers – die der des Blutes ähnlich ist – garantiert das Vorhandensein aller lebenswichtigen Elemente; die Algen absorbieren diese Elemente und reichern sie an. Einige Algensorten enthalten so viel Protein wie Käse und doppelt so viel Protein wie Eier oder Rindfleisch. Sie enthalten bis zu vierzehnmal so viel Kalzium wie Milch, bis zu dreißigmal mehr Eisen als Spinat und bis zu tausendmal mehr Jod als Schaltiere ... von den außergewöhnlich hohen Mengen an Vitamin A, B, C und Pyrophosphat ganz zu schweigen. Und dies alles ohne Fette oder Kalorien (ihr Fettgehalt ist gering und ihre Kohlenhydrate größtenteils unverdaulich). Ein göttliches Heilmittel, um Mangelerscheinungen vorzubeugen und so genannten Zivilisationskrankheiten entgegenzutreten. Die Ernährungslehre dürfte also in den Meeresalgen ein Nahrungsmittel der Zukunft sehen, denn es reicht aus, regelmäßig kleinere Mengen an Algen zu sich zu nehmen, um von ihren wohltuenden Wirkungen zu profitieren.

Eine Geschichte des Meeres

Gut, doch wie isst man Algen? Vor zehntausend Jahren wusste man in Japan bereits den Geschmack von *Arame, Wakame* und *Hijiki* zu schätzen. Die Inuit* machten aus rohen Algen mit Schaltieren kleine Leckereien. Seit dem Mittelalter kennen die Gallier das *bara lawr,* ein köstliches Algenpüree, aus dem sie mit Schinken und Haferflocken kleine Küchlein zubereitet haben. Die Bretonen hingegen nutzten *Pioca* oder *Carrageen* um daraus ein

Gelee als feine weiße Nachspeise herzustellen. Die Iren knabberten getrocknete rote *Dulse,* die sie in ihr dunkles Stout tunkten. Schon die Ureinwohner Chiles und Perus wussten um die heilende und Energie spendende Wirkung der Alge *Porphyra.* In Japan schenkte man sich die Alge *Kombu* als Glückspfand, aus der man das so genannte dashi – eine belebende Bouillon – kochte, und als metaphorische Übung höchster Kochkunst wickelte man Fisch in Noribänder ein.

In unserer Küche spielten Algen – von einigen regionalen Ausnahmen einmal abgesehen – bis zum Ende des 20. Jahrhunderts keine Rolle sondern gelangten erst mit einer Welle von Naturprodukten und dank der zunehmenden Beliebtheit asiatischer, vor allem japanischer Küche auf unseren Tisch. Zunächst ein wenig versteckt (im Brot, in Flakons mit magischen Pudern, denen man stärkende Kräfte nachsagt) kamen sie vornehmlich als Sushi auf unsere Teller. Doch seit einigen Jahren wächst das Interesse an diesem unscheinbaren asiatischen Lebensmittel, das eine Fülle wertvoller Bestandteile enthält.

Die asiatische Küche – in der Algen eine große Rolle spielen – erfreut sich in Europa immer größerer Beliebtheit. Zahlreiche Köche sind von ihrer Produktvielfalt, dem neuen Geschmack, den Zubereitungstechniken, den diätetischen Vorzügen und dem ästhetischen Aussehen der Gerichte begeistert.

Neben der Begeisterung für japanische Gerichte, schreiben einige Gastronomen, vor allem in der Bretagne, Algen wieder auf ihre Speisekarten und fordern dazu auf, Gerichte auf Algenbasis zu entdecken – oder wieder zu entdecken. Aus Kombu lässt sich eine köstliche Bouillon kochen, Meersalat deckt Speisen besser ab als Aluminiumfolie, Agar-Agar ist als Geliermittel viel gesünder als tierische Produkte und einige Algen lassen sich sogar zum berühmten Bouquet garni zusammenstellen.

Zu Gast bei den Großen

Éric Coisel, der die Rezepte für dieses Buch zusammengestellt hat, verdankt vor allem zwei Lehrmeistern seine Kenntnisse. Zum einen einer koreanischen Freundin, die ihn dieses ungewöhnliche Produkt entdecken ließ. Anschließend machte er sich mit der für ihn typischen Neugier und dem nötigen Ernst langsam mit den Algen vertraut, und dann ist es ein Bretone aus Roscoff, der ihn mit Algen beliefert und berät. Éric Coisel setzt Algen mit ihrer Geschmacksvielfalt und Intensität eher als Gewürz oder als Geschmacksgeber des Meeres ein, denn als Gemüse, vor allem da es nur kleiner Mengen bedarf, um ein Gericht damit zu verfeinern. Algen unterstreichen, bereichern und inspirieren seine Küche, eine traditionelle Küche, die von ihren Zutaten lebt. Und er kennt die guten Zutaten! Aus der Normandie stammend (aus Mazières, nahe Saint-Pierre-sur-Dives in der Gegend von Calvados) hat er in den fünfundzwanzig Jahren seiner beruflichen Karriere ganz Frankreich auf der Suche nach Spezialitäten bereist und bei den großen Meistern der französischen Küche Station gemacht. Zunächst bei Bernardin, Quai de la Tournelle, in Paris, wo Gilbert Le Coze die verschiedenen Zubereitungsmöglichkeiten von Wolfsbarsch im Backofen, Jakobsmuscheln en papillote, gesiedete Flusskrebse und kleine frittierte Fische mit großer Könnerschaft zelebriert – denen das Restaurant letztlich seinen Ruf verdankt. Danach führte ihn sein Weg zu Alain Senderens ins Archestrate, das er als Sous-Chef de la Cuisine und mit dem Wissen, in punkto Genauigkeit und Erfindungsreichtum viel gelernt zu haben, wieder verließ, nicht ohne zuvor Hummer (à la vanille), japanischen Lachs und Ente Apicius wieder entdeckt zu haben. 1982 wird er Chef de Partie im Chantecler, dem Restaurant des Hotels Negresco in Nizza und kocht eine Saison lang an der Seite von Jacques Maximin mit Zucchiniblüten und sonnengereiftem Gemüse. Danach folgen Gerichte wie Austern in Champagner und geräucherter Loup de Mer im Cravache d'Or in Brüssel, wo Abel Bernard unter anderem auch Schnepfen wie kein anderer zubereitet. Éric Coisel hat sich in Belgien die Toque des Chefkochs erkocht, bevor er in das mit Sternen ausgezeichnete Château de Rochegude im Departement Drôme in Frankreich zurückgekehrt ist. Dort regieren Trüffeln, der Châteauneuf-du-Pape, Spargel, Melone, Aprikosen, Kirschen und Ziegenkäse. Im gleich neben dem Papstpalast gelegenen charmanten Hôtel XVII de la Mirande von Avignon erkochte sich Éric Coisel seinen ersten Stern: er bereitete das Steinbuttfilet in provenzalischer Kruste auf dem Holzfeuer zu. Seit 1996 steht er der Küche des Pariser Restaurants Chiberta auf den Champs-Élysées vor, für das er einen Stern im Guide Rouge bekommen hat, und offeriert dort jahreszeitlich spezifische Menüs: Spargel im Frühjahr, Hummer und Blüten im Sommer, Steinpilze im Herbst und Trüffeln im Winter.

Éric Coisel hält die Erinnerung lebendig: er hat es verstanden, sein Wissen über die Algen mit unseren kulinarischen Traditionen zu verbinden. Als bestes Beispiel dafür dient sein ungewöhnliches Menü komplett aus Algen. Als Entrée eine Variation aus Algentatar begleitet von einem Chablis: ein weich gekochtes Ei in der Schale, garniert mit einem Stück Algenbrot, dazu eine gehäutete, mit Garnelentatar gefüllte Tomate in ihrem mit Essig angereicherten Saft, gekrönt von frischer Dulse. Anschließend zwei in Dampf gegarte, mit Algen ummantelte Fische: in ein Noriblatt gewickelter Steinbutt mit Kombu royal und ein mit Meersalat umhülltes Seezungenfilet auf einem Bett aus zarten Meeresspaghetti. Als Überraschung folgt die in einem Mantel aus Meersalat kurz gegarte Entenleber, deren besondere Geschmackskombination mit eingekochtem Madeira und schwarzen Trüffel einen einzigartigen Genuss verspricht. Anschließend wird ein gefülltes Huhn, gebraten in einer Kruste aus bretonischer Kombu und Salz mit in Meersalat eingelegten Schalotten und einer Konfitüre aus Zwiebeln und Dulse serviert, um die Vielfalt möglicher Zusammenstellungen überzeugend darzustellen (glaubt man dem Küchenchef, so ist vielleicht die Zusammenstellung von Fleisch und Algen die interessanteste). Der Sommelier wird hierzu gerne einen Saint-Estèphe empfehlen. Abschließend sollte man sich das geeiste Agar-Agar Gelee mit Zitrusfrüchten nicht entgehen lassen ...

Die Küche der Zukunft

So wird also deutlich, wie sich die Gaumenfreuden gegenseitig erhöhen und sich mit ihren verschiedenen Einflüssen bereichern. Die französische Küche hat mit Begeisterung fremde Geschmacksrichtungen aufgenommen und exotische Elemente erprobt, und davon ausgehend gelingt kreativen Küchenchefs, auch in Deutschland und der Schweiz, jeden Tag ein Schritt in Richtung moderner, innovativer Küche. Mit diesen Algenrezepten und neuen Zubereitungsmöglichkeiten für Fische und Meeresfrüchte, aus denen Algen gar nicht mehr wegzudenken sind, assoziiert man den Geschmack von bretonischer Kombu auch mit Fasan, Nori und Dulse auch mit Avocadofleisch und Banane, mischt Wakame, Dulse und Kombu royal unter ein Auberginenpüree, entdeckt das Risotto neu und sieht die Brandade aus Kabeljau in einem anderem Licht. Können Algen die Fantasie beflügeln? Zumindest braucht man, um auf gastronomische Entdeckungsreisen zu gehen, jetzt nur noch dieses Buch durchzublättern und – begierig auf neue Genüsse – ein bislang unbekanntes gastronomisches Terrain zu erkunden.

agar-agar nori dulse kombu meersalat

arame wakame hijiki pioca carrageen

meeresbohne meeresspaghetti salicornia

agar-agar nori dulse kombu meersalat

arame wakame hijiki pioca carrageen

meeresbohne meeresspaghetti salicorni

aagar-agar nori dulse kombu meersalat

arame wakame hijiki pioca carrageen

meeresbohne meeresspaghetti salicornia

agar-agar nori dulse kombu meersalat

arame wakame hijiki pioca carrageen

Avocado, in Sherryessig mariniert, mit Nori, Dulse und Banane

Für vier Personen
Zubereitung: 35 Min.
Entsalzen und Marinieren:
30 Min.

20 g	Nori
50 g	Dulse
4	Avocados
1	Banane
100 g	frischer junger Spinat
1	Limette, unbehandelt
1 EL	alter Sherryessig
5 EL	Olivenöl
	feines Salz und Fleur de Sel de Guérande*
	frisch gemahlener Pfeffer
	Chilipulver oder Piment d'Espelette*

Nori und Dulse eine Viertelstunde in kaltes Wasser legen, anschließend sorgfältig unter fließendem Wasser abspülen, abtropfen lassen, klein schneiden und beiseite stellen.

Avocados schälen und halbieren, die Kerne entfernen. Früchte in feine, 5 mm dicke Scheiben schneiden. Die Avocados mit den Algen eine Viertelstunde lang in einigen Tropfen Limettensaft und Sherryessig marinieren. Mit Salz und Pfeffer würzen und kühl stellen.

Die Banane schälen und in feine Scheiben schneiden. Mit etwas abgeriebener Limettenschale bestreuen und einige Tropfen Limettensaft darüber träufeln.

Die marinierten Avocados mit der Banane mischen, einige Tropfen Olivenöl hinzugeben, abschmecken und kühl stellen.

Stiele von den Spinatblättern abschneiden, sorgfältig waschen, abtropfen lassen und in feine Streifen schneiden.

Vor dem Servieren die Avocado-Bananenmischung über den fein geschnittenen Spinat geben, eine Prise Fleur de Sel de Guérande und eine Prise Chilipulver hinzugeben und vorsichtig miteinander vermischen.

Tipp Wählen Sie für dieses Rezept recht große und nicht zu reife Avocados und beträufeln Sie die Avocadoscheiben mit ausreichend Limetten- oder Zitronensaft, damit sie nicht dunkel werden.

Wein Ein weißer Bergerac.

nori

Bunter Salat mit drei Gemüsen
und drei Algensorten

Für vier Personen
Zubereitung: 25 Min.
Entsalzen: 20 Min.
Kochzeit: 10 Min.

100 g	Wakame
25 g	Dulse
25 g	Meersalat
1	Kopf Friséesalat, das gelbe Herz
150 g	Feldsalat
100 g	frischer, junger Spinat
1	Zucchini
1	Bund junge Möhren
500 g	Brokkoliröschen
1	Bund Kerbel
1	Bund Schnittlauch
2	Stängel glatte Petersilie
2 EL	Sherryessig
4 EL	Olivenöl
2 EL	Algenöl (Rezept S. 175)
	feines Salz und Fleur de Sel de Guérande*
	frisch gemahlener Pfeffer

Wakame, Dulse und Meersalat 15 bis 20 Minuten in kaltes Wasser legen. Anschließend sorgfältig abspülen und in 2 cm große Stücke schneiden.
Die verschiedenen Salatsorten putzen, waschen, abtropfen lassen und trocken schleudern. Zucchini in feine Streifen schneiden, Möhren abschaben und grob raspeln. Brokkoliröschen kurz in kochendem Salzwasser blanchieren und anschließend in Eiswasser abschrecken. Abtropfen lassen und beiseite stellen. Kräuter waschen, trocknen und fein schneiden.
Für die Sauce den Sherryessig mit Salz, Pfeffer, Olivenöl und Algenöl verrühren.
Den Salat mit den Algen und der Hälfte der Vinaigrette vermischen. Das Gemüse mit den klein gehackten Kräutern und der restlichen Vinaigrette mischen. Zunächst den Salat auf der Tellermitte arrangieren und anschließend mit dem Gemüse umrahmen.

Tipp Wählen Sie statt Brokkoli einmal den hübscheren Romanesco.

Wein Ein Gros Plant aus dem Pays Nantais.

wakame

Fasan, in Kombu pochiert, und Friséesalat mit Haselnüssen

Für vier Personen
Zubereitung: 35 Min.
Entsalzen: 20 Min.
Kochzeit: 8 Min.

100 g	Kombu, z.B. aus der Bretagne
4	Fasan-Filets mit Haut
200 g	Feldsalat
1	Kopf Friséesalat, das gelbe Herz
1	Bund Schnittlauch
25 g	ganze Haselnüsse
3 EL	Haselnussöl
1 EL	Aceto Balsamico
	feines Salz und Fleur de Sel de Guérande*
	frisch gemahlener Pfeffer
	Piment (Jamaika-Pfeffer)

Kombu 20 Minuten in kaltes Wasser legen und sorgfältig abspülen. In vier Streifen von ca. 11 cm schneiden (so lang wie die Fasan-Filets).

Die Fasan-Filets von beiden Seiten salzen und pfeffern. Die Algenstreifen auf die Fasanseite mit der Haut legen und zusammen aufrollen. In Aluminiumfolie wickeln und an beiden Enden gut verschließen.

Die Rouladen in kochendes Wasser legen und 8 Minuten pochieren. Anschließend 5 Minuten lang im Kochwasser abkühlen lassen. Aus dem Wasser nehmen und auskühlen lassen. Feldsalat und Friséesalat putzen, gründlich waschen und abtropfen lassen. Die Nüsse anrösten und grob zerstoßen.

Die Rouladen aus der Folie wickeln und in dicke Scheiben schneiden. Den Salat mit ca. 6 cm langen Schnittlauchstängeln um die Fasanscheiben herum auf Tellern anrichten, mit den gerösteten Nüssen bestreuen und mit etwas Haselnussöl und einigen Tropfen Aceto Balsamico beträufeln. Mit dem Fleur du Sel und dem zerstoßenen Jamaika-Pfeffer würzen.

Tipp Außerhalb der Saison können Sie den Fasan durch das ganzjährig erhältliche Perlhuhn ersetzen. Die Fasanrouladen lassen sich auch schon am Vortag vorbereiten.

Wein Ein weißer oder roter Pessac-Léognan.

kombu

Auberginentatar
mit Algen

Für vier Personen
Zubereitung: 40 Min.
Entsalzen: 20 Min.
Kochzeit: 40 Min.

30 g	Kombu royal
40 g	Wakame
30 g	Dulse
4	mittelgroße Auberginen
100 g	Champignons
100 g	rote Paprika
1	Schalotte
1	Knoblauchzehe
2	Anchovisfilets in Öl
8 EL	Olivenöl
1 EL	Sherryessig
1	Thymianzweig
1	Lorbeerblatt
	feines Salz und Fleur de Sel de Guérande*
	frisch gemahlener Pfeffer

Kombu royal, Wakame und Dulse 20 Minuten in kaltes Wasser legen und sorgfältig abspülen. Kombu royal und Wakame in kleine Stücke schneiden und Dulse klein hacken.

Den Backofen auf 200 °C (Gas Stufe 3–4) vorheizen. Die Auberginen längs halbieren, in eine Auflaufform legen, salzen und pfeffern, etwas Olivenöl darüber geben, 25 Minuten in den Backofen stellen und anschließend mit Aluminiumfolie abdecken, um sie nachgaren zu lassen.

Das Auberginenfleisch etwas abkühlen lassen und aus der Form nehmen, grob zerhacken und durch ein Salatsieb streichen. Champignons putzen und in kleine Würfel schneiden. Die Schalotte und die Knoblauchzehe schälen und mit der Paprika klein hacken.

Vom Olivenöl 5 Esslöffel in einer Kasserolle erhitzen und darin die Schalotte und die Paprika andünsten. Anschließend Anchovis, gehackten Knoblauch, Thymian und Lorbeerblatt hinzugeben. 6 Minuten dünsten und dann das Auberginenfleisch und die Champignons dazugeben. Nach weiteren 4 Minuten die Algen hinzugeben und noch einmal 6 Minuten köcheln lassen. Anschließend abschmecken und alles mit dem Sherryessig gut verrühren.

Tipp Genießen Sie das Auberginentatar kalt mit grob gehobeltem Parmesan und etwas Rucolasalat oder warm als Beilage zu Fisch oder Lammkoteletts.

Wein Ein weißer Bandol.

Schichtkäse mit Dulse, Sellerie und Olivenöl

Für vier Personen
Zubereitung: 20 Min.
Entsalzen: 15 Min.

80 g	Dulse
1	Stange Staudensellerie mit Blättern
400 g	Sahneschichtkäse (oder Sahnequark)
1	Schalotte
1	Knoblauchzehe
1	Bund Schnittlauch
1 EL	Pastis
4 EL	Olivenöl
	Selleriesalz (Rezept S. 173)
	feines Salz und Fleur du Sel de Guérande*
	frisch gemahlener Pfeffer

Dulse 10 bis 15 Minuten in kaltes Wasser legen, sorgfältig abspülen und in 2 cm große Stücke schneiden.

Den Staudensellerie abziehen und in 2 cm große Stücke schneiden. Die hellsten und zartesten Blätter beiseite legen. Schalotte und Knoblauchzehe schälen und fein hacken.

Den Schichtkäse aufschlagen, salzen und pfeffern und die gehackte Schalotte, den gehackten Knoblauch, den klein geschnittenen Schnittlauch, den Pastis und 3 Esslöffel Olivenöl hinzufügen, miteinander vermischen und eventuell nachwürzen. Kühl stellen.

Dulse mit den Sellerieblättern, dem restlichen Olivenöl und Selleriesalz vermengen.

Die Sellerieschichtkäsemischung in eine Glasschüssel geben und mit den Dulsestückchen und den zarten Sellerieblättchen garnieren.

dulse

Tipp Wählen sie im Winter Schichtkäse, im Sommer hingegen einen würzigen Ziegenfrischkäse. Meiden Sie fett reduzierte Frischkäse, da diese weniger geschmackvoll sind. Servieren Sie das Gericht in kleinen Schälchen als Vorspeise oder zum Aperitif.

Wein Ein Coteaux du Vendômois.

Aperitifhappen
mit Algen gefüllt

Für vier Personen
Zubereitung: 45 Min.
Entsalzen: 20 Min.
Kochzeit: 7 Min.

60 g	Wakame
25 g	Dulse
40 g	Meersalat
1	Salatgurke
8	kleine Tomaten
2	Schalotten
1	Bund Koriander
8	Basilikumblätter
1	Knoblauchzehe
8	kleine Paprikaschoten del piquillos* (eingelegt)
1 TL	Kräutersenf
4	Tropfen Sojasauce
1 EL	Sesamöl
1 TL	gerösteter Sesam
	Olivenöl
1 EL	Sherryessig
	feines Salz und Fleur de Sel de Guérande*
	frisch gemahlener Pfeffer

Wakame, Dulse und Meersalat 15 bis 20 Minuten in lauwarmem Wasser wässern und anschließend unter kaltem Wasser sorgfältig abspülen. Wakame in dünne Streifen und Dulse in kleine Würfel schneiden. Meersalat fein hacken.

Die Gurke schälen, in 3 bis 4 cm große Stücke schneiden und etwas aushöhlen. Die Dulse mit der Sojasauce, dem Sesamöl, den gerösteten Sesamsamen, Salz und Pfeffer würzen und damit die Gurken füllen.

Die Tomaten häuten, die Deckel abschneiden und vorsichtig aushöhlen. Wakame mit dem Senf, den klein gehackten Basilikumblättern, einem Esslöffel Olivenöl, Salz und Pfeffer vermischen und damit die Tomaten füllen.

Die Schalotten schälen und klein hacken. Die Korianderblätter abzupfen und waschen. Die Schalotten in einem Esslöffel Olivenöl 3 Minuten andünsten, die Knoblauchzehe hinzufügen und mit Sherryessig ablöschen. Den Meersalat hinzugeben und 4 Minuten garen lassen. Mit Salz und Pfeffer abschmecken, die Korianderblätter hinzugeben und die vorbereiteten Paprikaschoten damit füllen.

Die drei gefüllten Gemüsesorten auf Teller geben, mit etwas Olivenöl beträufeln und servieren.

Tipp Um die Tomaten zu häuten, die Früchte 10 Sekunden in kochendes Wasser legen, danach kurz in Eiswasser tauchen. Anschließend löst sich die Haut fast von selbst.

Wein Ein Irouléguy.

dulse

Mousse von Makrele
und Seebarbe mit Algen

Für vier Personen
Zubereitung: 40 Min.
Entsalzen: 20 Min.
Kochzeit: 8 Min.

40 g	Wakame
40 g	Meeresspaghetti
4	Makrelenfilets
4	Seebarbenfilets
½ l	Court-bouillon (Rezept S. 164)
1	Schalotte
1	Bund Schnittlauch
8	Basilikumblätter
1	Zitrone (Saft)
1	Becher Naturjoghurt
1 TL	Kräutersenf
1 TL	Sojasauce
4 EL	Olivenöl
1 TL	Apfelessig
	Chilipulver oder Piment d'Espelette*
	feines Salz und Fleur de Sel de Guérande*
	frisch gemahlener Pfeffer

Wakame und Meeresspaghetti 15 bis 20 Minuten in kaltes Wasser legen und danach sorgfältig abspülen. Wakame in feine Streifen und Meeresspaghetti in 1,5 cm große Stücke schneiden.

Mit einer Pinzette die kleinen Gräten der Makrelen entfernen. Die Makrelenfilets in einen breiten Topf in die siedende Courtbouillon geben, den Topf vom Herd nehmen und die Filets 8 Minuten darin ziehen lassen.

Die Makrelenfilets abtropfen lassen, mit einer Gabel zerdrücken und die Meeresspaghetti zufügen. Mit der klein gehackten Schalotte, Kräutersenf, Sojasauce, 3 Esslöffeln Olivenöl, Apfelessig, Salz und Pfeffer würzen. Den klein geschnittenen Schnittlauch hinzufügen und in den Kühlschrank stellen.

Die Gräten der Seebarbenfilets entfernen. Filets mit Salz und Pfeffer würzen und in einer Pfanne in sehr heißem Olivenöl 2 bis 3 Minuten auf der Hautseite anbraten. Vom Herd nehmen und erkalten lassen.

Die Haut entfernen, die Filets mit der Gabel zerdrücken und die Wakamestreifen, den Joghurt, eine Prise Chilipulver, einen Esslöffel Olivenöl, Zitronensaft, Salz und Pfeffer zufügen, gut miteinander vermischen und zuletzt die gehackten Basilikumblätter unterheben.

Auf Tellern von jeder Mousse je eine Nocke nebeneinander anrichten.

Tipp Sie können auch nur eine Sorte Mousse servieren und dazu beispielsweise einen sommerlichen Portulaksalat reichen.

Wein Ein Muscadet sur Lie.

Buchweizenpfannkuchen
mit geräuchertem Lachs und Algentatar

Für vier Personen
Zubereitung: 25 Min.
Ruhezeit: 1 Stunde
Kochzeit: 5 Min.

Für den Pfannkuchenteig:

125 g	Buchweizenmehl
125 g	Weizenmehl
1 TL	Zucker
1 TL	Algenflocken
2	Eier
50 cl	Milch
50 g	Butter
1 EL	Haselnussöl

8	Scheiben Räucherlachs
8 EL	Algentatar (Rezept Seite 35)
1	Bund glatte Petersilie
1	Bund Koriander
1	Bund Dill
1	Bund Kerbel
1 TL	Aceto Balsamico
1 EL	Olivenöl
	feines Salz
	frisch gemahlener Pfeffer
	Chilipulver oder
	Piment d'Espelette*

Für den Teig: Die beiden Mehlsorten mit dem feinen Salz, einer Prise Chilipulver, Algenflocken, Zucker und zuletzt den Eiern mischen. Langsam die Milch einrühren, damit sich keine Klümpchen bilden. Zum Schluss das Haselnussöl hinzufügen und den Teig eine Stunde bei Zimmertemperatur ruhen lassen.

In einer gebutterten Pfanne nacheinander acht dünne Pfannkuchen ausbacken (genau so wie Crêpes). Die Pfannkuchen abkühlen lassen und jeweils mit einer Scheibe Lachs belegen. Das Algentatar darauf streichen und die Pfannkuchen gleichmäßig und eng aufrollen.

Die gewaschenen frischen Kräuter für den Salat kleiner zupfen und mit einer Sauce aus Olivenöl, Aceto Balsamico, Salz und Pfeffer vermischen.

Den Kräutersalat in die Tellermitte geben, die aufgerollten Pfannkuchen schräg in 5 cm dicke Scheiben schneiden und um den Salat herum anrichten.

Tipp Wählen Sie Buchweizenmehl und Weizenmehl aus dem Reformhaus und schauen Sie dort auch nach Algentatar, falls Sie keine Zeit haben, es selbst herzustellen.

Wein Ein Pouilly-Fumé.

wakame

Chicorée-Salat
mit pochierten Eiern und Meersalat

Für vier Personen
Zubereitung: 25 Min.
Entsalzen: 20 Min.
Kochzeit: 4 Min.

80 g	Meersalat
4	große Freiland- oder Bio-Eier
6	dicke Chicorée-Sprossen
3 EL	Algenöl (Rezept S. 175)
1 TL	Senf
1 EL	Weißweinessig
1	Bund Schnittlauch
2 EL	zerstoßene Pistazien
	feines Salz und Fleur de Sel de Guérande*
	frisch gemahlener Pfeffer

Den Meersalat 15 bis 20 Minuten in kaltes Wasser legen und hinterher sorgfältig abspülen. Die schönsten Blätter 5 Minuten in Salzwasser kochen, abtropfen lassen und in Eiswasser abschrecken.

Die Eier einzeln in kleinen Auflaufförmchen aufschlagen. Nacheinader je nach Größe 2 bis 4 Minuten in kochendem Wasser, dem etwas Essig zugefügt wird, pochieren. Anschließend im Eiswasser abschrecken, abtropfen lassen und zum Trocknen auf Küchenpapier legen.

Senf, Essig, Salz, Pfeffer und Algenöl vorsichtig miteinander vermischen. Den Chicorée längs in 6 mm breite Streifen schneiden, mit der Vinaigrette beträufeln und den klein geschnittenen Schnittlauch darüber streuen.

Die gesalzenen und gepfefferten Eier vorsichtig in Meersalatblätter wickeln und ein bis zwei Minuten im Wasserdampf (entweder in einem Dampfkochtopf, einem Steam Basket oder in einem speziellen Topf für Couscous) erwärmen.

Den Chicorée-Salat in die Tellermitte geben, darauf je ein in Meersalat gewickeltes Ei setzen und außen herum die zerstoßenen Pistazien streuen.

Tipp Verwenden Sie vorzugsweise ganz frische Eier aus Freilandhaltung und bewahren Sie sie vor dem Kochen im Kühlschrank auf.

Wein Ein trockener Vouvray oder ein weißer Languedoc.

chicorée

Mozzarellaturm mit Wakame,
Tomaten und Basilikum

Für vier Personen
Entsalzen: 20 Min.
Zubereitung: 20 Min.

150 g	Wakame
4	Büffelmilch-Mozzarella
4	mittelgroße Tomaten
1	Bund Basilikum
6 EL	Olivenöl
	feines Salz und Fleur de Sel de Guérande*
	frisch gemahlener Pfeffer

Wakame 20 Minuten in kaltes Wasser legen, sorgfältig abspülen und in 4 bis 5 cm große Stücke schneiden.

Mozzarellakugeln in 4 mm dicke Scheiben schneiden und mit frisch gemahlenem Pfeffer bestreuen. Die Tomaten in etwa 6 mm dicke Scheiben schneiden, salzen und pfeffern.

Abwechselnd eine Tomatenscheibe, ein Basilikumblatt, ein Algenstück und eine Mozzarellascheibe übereinander schichten und diesen Vorgang viermal wiederholen. Mit etwas Olivenöl beträufeln, mit Fleur de Sel und Pfeffer bestreuen und frisch servieren.

Tipp Wählen Sie einen qualitativ hochwertigen Mozzarella aus Büffelmilch. Er ist zwar etwas teurer, doch rechtfertigt sein guter Geschmack den Preis.

Wein Ein Côtes du Rhône rosé oder einen Tavel.

wakame

Seeigel, gefüllt
mit Algen und Lachstatar

Für vier Personen
Zubereitung: 30 Min.
Entsalzen und Marinade: 30 Min.

30 g	Wakame
20 g	Dulse
15 g	Meersalat
8	Seeigel (beim Fischhändler vorbestellen)
300 g	frischer, gehäuteter Seelachs
1	Zitrone (Saft)
2 EL	Olivenöl
	feines Salz und Fleur de Sel de Guérande*
	Guineapfeffer*
	frisch gemahlener Pfeffer

Wakame, Dulse und Meersalat 15 bis 20 Minuten in kaltes Wasser legen. Die Algen sorgfältig abspülen und in 1 cm große Stücke schneiden.

Die Seeigel mit einer Küchenschere deckelförmig öffnen. Die orangefarbenen Zungen mit einem Mokkalöffel vorsichtig lösen, die Schalen und etwas Seeigelsaft beiseite stellen.

Den Lachs in 5 mm kleine Würfel schneiden. Eine halbe Stunde lang in Zitronensaft, 2 Esslöffeln Seeigelsaft, Salz und Pfeffer marinieren und kühl stellen.

Dem Lachstatar die Algen und die Seeigelzungen zufügen (zwei oder drei Zungen zur Dekoration aufheben), abschmecken und verrühren.

Das Lachstatar in die Seeigelschalen füllen und mit den in Würfel geschnittenen Seeigelzungen garnieren.

Kurz vor dem Servieren frisch gemahlenen Guineapfeffer darüber streuen.

Tipp Die Seeigel sollten nicht zu groß sein. Wählen Sie vorzugsweise die grünen Erquy-Seeigel*. Um die Seeigel zu öffnen, stechen Sie mit der Schere zunächst den weichen Ring um den Schnabel (auf der Oberseite der Seeigel) ein.

Wein Ein weißer Meursault.

meersalat

Salat aus Knollensellerie, Chinakohl und Kombu royal

Für vier Personen
Zubereitung: 40 Min.
Entsalzen und Einlegen: 80 Min.
Kochzeit: 5 Min.

80 g	Kombu royal
1	Chinakohl
1	Sellerieknolle
25 g	ganze Haselnüsse
1	Bund Schnittlauch
1 TL	scharfer Senf
1	frisches Eigelb
4 EL	Sonnenblumenöl
2 EL	Sherryessig
1 EL	Haselnussöl
	feines Salz und Fleur de Sel de Guérande*
	frisch gemahlener Pfeffer

Kombu royal 20 Minuten in kaltes Wasser legen, danach sorgfältig abspülen und in feine Streifen schneiden. Die Haselnüsse im heißen Backofen leicht anrösten und grob zerstoßen.

Den Chinakohl in feine Streifen schneiden und mit den Algen mischen. Mit Salz, Pfeffer, einem Esslöffel Sherryessig, den zerstoßenen Haselnüssen und dem Haselnussöl würzen und eine Stunde kühl gestellt ziehen lassen.

Die Sellerieknolle schälen, in große Stücke schneiden und fein raspeln. Mit dem Senf, dem Eigelb und dem Sonnenblumenöl eine Mayonnaise aufschlagen. Salz, Pfeffer und einen Esslöffel Sherryessig hinzufügen und mit dem geriebenen Sellerie vermengen.

Die Selleriemischung in die Tellermitte geben und darum einen Ring aus Kohl und Algen anrichten. Schnittlauch in 2,5 cm lange Röllchen schneiden, darüber streuen und servieren.

Tipp Die Nüsse zum Schälen 3 bis 4 Minuten in den heißen Backofen legen und anschließend mit einem Geschirrtuch abreiben: Die Haut lässt sich auf diese Weise leicht lösen.

Wein Ein weißer Saint-Joseph.

kombu royal

Sojasprossensalat mit Dulse
und geräucherten Entenbrustfilets

Für vier Personen
Zubereitung: 45 Min.
Entsalzen: 20 Min.
Kochzeit: 5 Min.

60 g	Kombu royal
50 g	Dulse
2	geräucherte Entenbrustfilets
300 g	Sojasprossen
1 TL	Sesamsamen
1 EL	Apfelessig
3 EL	Sesamöl
1 TL	Sojasauce
1 TL	Aceto Balsamico
	feines Salz und Fleur de Sel de Guérande*
	Selleriesalz (Rezept S. 173)
	frisch gemahlener Pfeffer

Kombu royal und Dulse 15 bis 20 Minuten in kaltes Wasser legen und anschließend sorgfältig abspülen. Kombu in feine Streifen schneiden, Dulse sehr klein hacken und getrennt beiseite stellen.

Die Kombustreifen mit dem Sesam in Apfelessig, 1 Esslöffel Sesamöl und etwas Selleriesalz marinieren und dabei kühl stellen.

Die geräucherten Entenbrustfilets in hauchdünne Scheiben schneiden.

Die Sojasprossen 5 Minuten in Salzwasser kochen, danach in Eiswasser abschrecken und abtropfen lassen.

Die Sojasprossen mit der Dulse, der Sojasauce, dem Sesamöl und dem Aceto Balsamico mischen und mit Salz und Pfeffer abschmecken.

Die Sojasprossen in die Tellermitte platzieren und darum herum einen Ring aus kleinen Mengen Kombu royal im Wechsel mit den Entenbrustscheiben legen.

Tipp Wählen Sie frische, weiße Sojasprossen, die Sie nur kurz al dente garen.

Wein Ein Madiran.

dulse

Rucolasalat mit Wakame
und Mimolette-Käse

Für vier Personen
Zubereitung: 45 Min.
Entsalzen: 20 Min.

120 g	Wakame
200 g	Rucolasalat
1	Zitrone (Saft)
120 g	Mimolette-Käse (oder Edamer)
2 EL	Olivenöl
3 EL	Haselnussöl
1 EL	Aceto Balsamico
	feines Salz und Fleur de Sel de Guérande*
	frisch gemahlener Pfeffer

Wakame 15 bis 20 Minuten in kaltes Wasser legen, sorgfältig abspülen und in 1 cm große Stücke schneiden.

Wakame mit Zitronensaft, Olivenöl, Salz und Pfeffer abschmecken. Den Rucolasalat waschen und putzen und nur mit Olivenöl, Salz und Pfeffer würzen.

Rucolasalat mit Wakame und dünn gehobeltem Mimolette-Käse mischen.

Den Salat in die Tellermitte geben. Haselnussöl und Aceto Balsamico sparsam um den Salat träufeln und den Tellerrand mit Fleur du Sel und frisch gemahlenem Pfeffer bestreuen.

Tipp Lassen Sie den Balsamicoessig vorsichtig einköcheln, bis er durch die Reduktion eine sirupartige Konsistenz bekommt. So schmeckt er weicher und aromatischer.

Wein Ein weißer Cairanne.

rucola

Salat mit Jakobsmuscheln und Algenöl

Für vier Personen
Zubereitung: 35 Min.
Kochzeit: 25 Min.

16–20	Jakobsmuscheln, ausgelöst (4 bis 5 schöne Muscheln pro Person)
250 g	Kartoffeln Violette Noir*
1	Kopf Friséesalat, das gelbe Herz
100 g	Feldsalat
5 EL	Olivenöl
50 g	Butter
2 EL	Algenvinaigrette (Rezept S. 175)
2 EL	Algenöl (Rezept S. 175)
	feines Salz und Fleur de Sel de Guérande*
	frisch gemahlener Pfeffer

Die Kartoffeln mit Schale etwa 20 Minuten in Salzwasser garkochen. Die Kartoffeln etwas abkühlen lassen, pellen und mit einer Gabel zerdrücken. Vom Olivenöl 2 Esslöffel, die Butter, Salz und Pfeffer untermischen und das Püree beiseite stellen.

Den Friséesalat und den Feldsalat waschen und putzen.

Das restliche Olivenöl in einer Pfanne erhitzen. Die Jakobsmuscheln mit Küchenpapier abtupfen und ein bis zwei Minuten auf großer Flamme anbraten.

In die Tellermitte den mit Salz und Algenvinaigrette angemachten Friséesalat und Feldsalat geben. Um den Salat abwechselnd je eine Jakobsmuschel und einen Löffel Kartoffelpüree garnieren. Mit ein wenig Algenöl beträufeln und mit Fleur de Sel und frisch gemahlenem Pfeffer bestreuen.

Tipp Die Violettes Noir-Kartoffeln sind auf dem Markt, in ausgewählten Supermärkten und in guten Lebensmittelgeschäften erhältlich. Sie besitzen einen sehr edlen, nussigen Geschmack und die Schale dieser Kartoffel ist von violetter Farbe.

Edle Variante Mischen Sie etwas gehackte Trüffel unter das Kartoffelpüree und hobeln sie wenig Trüffel über die Jakobsmuscheln.

Wein Ein Puligny-Montrachet.

Portulaksalat
mit Wakame

Für vier Personen
Zubereitung: 25 Min.
Entsalzen: 20 Min.

180 g	Wakame
200 g	Sommerportulak
1	gelbe Paprikaschote
1 EL	Sherryessig
1 TL	Senf
4 EL	Olivenöl
3 EL	Haselnussöl
1 EL	Wasser
	feines Salz und Fleur de Sel de Guérande*
	frisch gemahlener Pfeffer

Wakame 15 bis 20 Minuten in kaltem Wasser einweichen, sorgfältig abspülen und in Stücke schneiden. Von Portulak die Stängel kürzen, waschen und abtropfen lassen.

Die gelbe Paprikaschote entkernen und grob zerschneiden. Anschließend mit Essig, Wasser, Senf, Olivenöl, Haselnussöl, Salz und Pfeffer vermischen, abschmecken und im Mixer zerkleinern.

Wakame und Portulak miteinander vermischen, auf die Tellermitte geben und mit der Sauce umrahmen.

Tipp Portulak ist ein Küchenkraut mit leicht scharfer Geschmacksnote. Sie bekommen ihn frisch auf dem Markt oder abgepackt im Supermarkt. Er lässt sich durch Romana-Salat ersetzen.

Wein Ein Entre-deux-Mers.

portulak

Algentatar

Für vier bis sechs Personen
Zubereitung: 30 Min.
Einlegen und kühl stellen: 12 Std.

100 g	Meersalat
100 g	Dulse
100 g	Meeresspaghetti
50 g	Wakame
1	Schalotte
1	Zwiebel
1	Knoblauchzehe
15 g	frische Ingwerwurzel
100 g	Cornichons
1	unbehandelte Limette, Schale und Saft
1	unbehandelte Orange, Schale
60 g	Kapern
5 EL	Haselnussöl
150 ml	Walnussöl
	feines Salz und Fleur de Sel de Guérande*
	frisch gemahlener Pfeffer
	Chilipulver oder Piment d'Espelette*

Die Algen 20 Minuten in kaltes Wasser legen. Sorgfältig abspülen, abtropfen lassen und auf Küchenpapier trocknen. Anschließend sehr fein hacken.

Schalotte, Zwiebel, Knoblauchzehe und Ingwer schälen und sehr fein hacken. Cornichons und Kapern ebenfalls fein hacken. Alle Zutaten mischen und die Limettenschale und die Schale einer halben Orange zufügen. Anschließend die verschiedenen Ölsorten, den Limettensaft und zwei Messerspitzen Chilipulver und Pfeffer hinzugeben.

Abschmecken und erneut alles gut durchmischen; vor dem Servieren 12 Stunden in den Kühlschrank stellen.

Tipp Für Appetithappen können Sie noch klein gewürfelte, getrocknete Tomaten hinzufügen und kleine Ecken gegrilltes Toastbrot damit bestreichen. Das Algentatar schmeckt auch hervorragend zu rohem Gemüse, geräuchertem Fisch, pochierten Eiern oder als Gemüsefarce.

Wein Ein Pinot gris oder ein Champagner.

wakame

Entenleber
in einem Mantel aus Meersalat

Für vier Personen
Zubereitung: 20 Min.
Entsalzen: 20 Min.
Kochzeit: 6 Min.

50 g	Meersalat
1	Entenstopfleber (ca. 450 bis 550 g)
	feines Salz oder Fleur de Sel de Guérande*
	frisch gemahlener Pfeffer
	zerstoßener schwarzer Pfeffer

Meersalat 15 bis 20 Minuten in kaltes Wasser einlegen und anschließend sorgfältig abspülen.
Die Entenleber mit einem zuvor in heißes Wasser getauchten Messer in vier gleich große Scheiben schneiden, die sichtbaren Sehnen entfernen und die Stücke von beiden Seiten mit etwas Salz und frisch gemahlenem Pfeffer bestreuen und leicht einmassieren.
Meersalat abtropfen lassen und auf Küchenpapier trocknen. Anschließend die Entenleberscheiben sorgfältig in die Blätter des Meersalats einwickeln.
Die Leberwickel im Wasserdampf 5 bis 6 Minuten garen.
Die Blätter leicht öffnen und zerstoßene schwarze Pfefferkörner und etwas Fleur de Sel auf die Lebern streuen. So heiß wie möglich servieren.

Tipp Je nach Geschmack können Sie etwas Madeirasauce oder Trüffelsauce dazu reichen. Dieses Rezept ist eine Variation der Gänseleber im Kohlmantel von Alain Senderens.

Wein Ein weißer Pessac-Léognan oder ein trockener Montlouis.

meersalat

Pilzfrikassee
mit Meeresspaghetti

Für vier Personen
Zubereitung: 35 Min.
Entsalzen: 20 Min.
Kochzeit: 20 Min.

100 g	Meeresspaghetti
40 g	Meersalat
150 g	Pfifferlinge
200 g	Totentrompeten
150 g	Maipilze
2	Schalotten
1	Knoblauchzehe
60 g	Butter
150 ml	Hühnerbouillon
	feines Salz und Fleur de Sel de Guérande*
	frisch gemahlener Pfeffer

Meeresspaghetti und Meersalat 20 Minuten in kaltes Wasser legen und sorgfältig abspülen. Die Meeresspaghetti in 4 cm lange Stücke schneiden, den Meersalat in 3 cm große Stücke.

Die Meeresspaghetti 8 bis 10 Minuten im Wasserdampf garen. Die Pilze, nach Sorten getrennt, putzen, ganz kurz unter fließendem Wasser abspülen und abtropfen lassen. Schalotten und Knoblauch schälen.

In einer Pfanne die klein gehackten Schalotten in Butter glasig dünsten und anschließend die in zwei Hälften geschnittene Knoblauchzehe zufügen. Nacheinander die Pfifferlinge, die Totentrompeten und zum Schluss die Maipilze in die Pfanne zugeben.

Die Pilze 5 Minuten bei großer Hitze dünsten, die Algen zufügen und mit der Hühnerbouillon aufgefüllt weitere 5 Minuten einkochen lassen. Abschmecken und heiß servieren.

Tipp Dieses Frikassee schmeckt hervorragend zu Geflügel, Wild und gebratener Gänseleber. Sie können verschiedene Pilze oder auch nur eine einzige Sorte verwenden.

Wein Ein weißer Languedoc oder ein weißer Jurançon.

pfifferlinge

Tatar von vier Fischen
und vier Algen

Für vier Personen
Zubereitung: 45 Min.
Entsalzen: 2 Std.

1	Goldbrasse (700 g)
320 g	Schellfischfilet
400 g	Lachsfilet
350 g	Thunfischfilet
	Olivenöl, gemahlener Pfeffer
	Fleur de Sel de Guérande*

Für das Tatar von der Goldbrasse:

50 g	Meeresspaghetti
1	Becher Naturjoghurt
1 TL	Meerrettich, etwas Curry

Für das Schellfischtatar:

25 g	Meersalat
1	frisches Eigelb
1 TL	Senf, etwas Tabasco
1	Bund Schnittlauch

Für das Lachstatar:

25 g	Dulse
	Saft einer Zitrone
	rosa Pfeffer

Für das Thunfischtatar:

60 g	Wakame
	Saft einer Limette
1 TL	Senf
	Selleriesalz (Rezepte S. 173)
1 EL	Sojasauce
1	Bund Koriander

Die Algen 20 bis 30 Minuten in kaltes Wasser legen und dann sorgfältig abspülen. Jede Algensorte separat fein hacken und beiseite stellen.

Goldbrassentatar: Die Fischfilets häuten, eventuell verbleibende Gräten entfernen, und in kleine Würfel schneiden. Anschließend die Meeresspaghetti hinzufügen. Mit Joghurt, Meerrettich, einer Messerspitze Curry, einem Löffel Olivenöl, Pfeffer und Salz würzen und kühl stellen.

Schellfischtatar: Den Schellfisch zwei Stunden lang in Eiswasser legen, anschließend auf Küchenpapier abtropfen lassen. In kleine Würfel schneiden und mit den Meeresspaghetti mischen. Aus Eigelb, Senf, Salz, Pfeffer und vier Esslöffeln Olivenöl eine Mayonnaise aufschlagen, unter den Fisch rühren, mit fein geschnittenem Schnittlauch und ein paar Tropfen Tabasco vermengen und kühl stellen.

Lachstatar: Den Lachs in kleine Würfel schneiden und mit der Dulse mischen. Mit Salz, Pfeffer, Zitronensaft, drei Esslöffel Olivenöl und einem Teelöffel zerstoßenen rosa Pfefferkörnern mischen und kühl stellen.

Thunfischtatar: Den Thunfisch in kleine Würfel schneiden und mit der Wakame mischen. Mit Limettensaft, Senf, Sojasauce, vier Esslöffel Olivenöl, Salz, Selleriesalz und Pfeffer würzen. Den klein gehackten Koriander untermischen und kühl stellen.

Das Tatar getrennt in kleinen Schälchen servieren oder als kleine Nocken auf Tellern Ihrer Wahl servieren.

Tipp Sie sollten darauf achten, dass der Fisch so frisch wie möglich ist und dass das Tatar nicht lange aufbewahrt wird.

Wein Ein Pouilly-Fumé oder ein Menetou-Salon.

Terrine aus Algen und Gemüsen der Saison

Für vier bis sechs Personen
Zubereitung: 45 Min.
Entsalzen und Ruhezeit: 4 Std.
Kochzeit: 10 Min.

2	Würfel Gemüsebouillon
7 g	Agar-Agar
180 g	Kombu royal
180 g	Meeresspaghetti
50 g	Meersalat
250 g	frische Erbsen
1	Bund kleine Möhren
4	Artischockenböden (frisch oder tiefgefroren)
1	Bund Schnittlauch
2 EL	Olivenöl
	feines Salz und Fleur de Sel de Guérande*
	frisch gemahlener Pfeffer
	Piment (Jamaika-Pfeffer)
1	Zitrone (Saft)

Die Gemüsebouillonwürfel in 900 ml kochendem Wasser auflösen, Agar-Agar hinzufügen und abschmecken. Anschließend gelieren lassen.

Kombu royal, Meeresspaghetti und Meersalat 15 bis 20 Minuten in kaltes Wasser einlegen und anschließend sorgfältig abspülen. Kombu in 5 cm große Stücke schneiden.

Kombu und Meeresspaghetti nacheinander je 8 bis 10 Minuten in kochendes Salzwasser einlegen, Meersalat nur 4 Minuten in kochendes Wasser geben. Anschließend die Algen jeweils in Eiswasser abschrecken, abtropfen lassen und beiseite stellen.

Das Gemüse nacheinander in kochendem Salzwasser blanchieren, in Eiswasser abschrecken und abtropfen lassen.

Eine Terrinenform mit Kombu auslegen. Die Meeresspaghetti mit dem Meersalat mischen, die schräg geschnittenen Möhren, die Erbsen, die in Scheiben geschnittenen Artischockenböden und den in feine Röllchen geschnittenen Schnittlauch unterheben. Die Mischung salzen und pfeffern und in die Terrinenform füllen. Die leicht abgekühlte Geliermasse bis zum Rand des Gemüses einfüllen, mit Kombu abdecken und 3 bis 4 Stunden in den Kühlschrank stellen.

Vor dem Servieren die Terrinenform stürzen, die Terrine in dicke Scheiben schneiden und auf Teller verteilen. Mit etwas Olivenöl beträufeln, Fleur de Sel und frisch gemahlenen Pfeffer und zerstoßenen Piment darüber streuen. Zum Schluss ein paar Tropfen Zitronensaft darüber geben.

Tipp Das Aroma des Piments, beziehungsweise Jamaika-Pfeffers, ist typisch für die Großen Antillen und erinnert gleichzeitig an Zimt, Nelken, Muskatnuss und Pfeffer.

Wein Ein weißer Saumur.

Terrine vom Rochen und Kombu royal
in Agar-Agar-Gelee

Für vier bis sechs Personen
Zubereitung: 45 Min.
Entsalzen und Ruhezeit: 3 Std.
Kochzeit: 8 Min.

180 g	Kombu royal
15 g	Nori
1½ kg	Rochenflügel
1½ l	Court-bouilln (Rezept S. 164)
6 g	Agar-Agar (Pulver)
2 EL	Aceto Balsamico
6 EL	Olivenöl
1 EL	rosa Pfeffer
½	Bund Schnittlauch
	feines Salz und Fleur de Sel de Guérande*
	frisch gemahlener Pfeffer

Kombu royal und Nori 15 bis 20 Minuten in kaltes Wasser legen und anschließend sorgfältig abspülen. Kombu in 5 cm große Stücke schneiden und 15 Minuten in kochendes Salzwasser einlegen. Nori fein hacken.

Die Rochenflügel 6 Minuten in der Court-bouillon kochen, den Topf vom Herd nehmen und die Rochenflügel 15 Minuten in der Bouillon abkühlen lassen. Die Haut der Rochenflügel abziehen und das Fleisch vorsichtig filetieren. Die Fischfilets von beiden Seiten mit Salz, Pfeffer und zerstoßenem rosa Pfeffer würzen.

Einen Liter der Court-bouillon durch ein feines Sieb gießen, Agar-Agar einrühren und zusammen 8 bis 10 Minuten, bzw. bis das Agar-Agar vollständig aufgelöst ist, kochen. Anschließend abschmecken.

In eine Terrinenform abwechselnd Gelee, Rochenfilets und Kombu geben, bis die Form fast gefüllt ist. Zum Schluss mit dem Gelee auffüllen. 3 Stunden in den Kühlschrank stellen.

Aceto Balsamico mit Salz, Pfeffer und zerstoßenem rosa Pfeffer mischen und mit Olivenöl und fein gehackter Nori verrühren.

Die Terrine in ziemlich dicke Scheiben schneiden und in die Mitte der Teller legen. Die Vinaigrette mit dem rosa Pfeffer außen herum träufeln und die Terrine mit Schnittlauchröllchen bestreuen. Kühl servieren.

Tipp Wählen sie wirklich frische Rochenflügel ohne Ammoniakgeruch. Servieren Sie zu der Terrine lauwarme, in Scheiben geschnittene Kartoffeln (Roseval) in der Schale oder einen Rucolasalat mit Olivenöl und Parmesan.

Wein Ein frischer Apfelcidre aus der Normandie.

Geräucherter Kabeljaurogen
mit Meersalat

Für vier Personen
Zubereitung: 25 Min.
Entsalzen: 2 Std.
Kochzeit: 5 Min.

25 g	Meersalat
300 g	gepresster, geräucherter Kabeljau- (Boutargue; Bottarga) oder Meeräschenrogen
200 ml	Crème fraîche
1 EL	Meerrettich
1 EL	Apfelessig
25 g	Butter, eisgekühlt
½	Bund Schnittlauch
	feines Salz und Fleur de Sel de Guérande*
	frisch gemahlener Pfeffer

Meersalat 10 Minuten in kaltes Wasser legen, sorgfältig abspülen und die schönsten Blätter beiseite legen.

Den gepressten Kabeljau- oder Meeräschenrogen im Ganzen 2 Stunden in Eiswasser einlegen. Anschließend abtropfen lassen, trocknen, in vier Scheiben schneiden und mit etwas frisch gemahlenem Pfeffer würzen. Die Stücke einzeln in ein Blatt des Meersalats einwickeln.

Für die Meerrettichcreme: Crème fraîche und Meerrettich 5 Minuten auf kleiner Flamme reduzieren. Anschließend, mit Salz, Pfeffer, Apfelessig und Butter vorsichtig unterrühren.
Die umwickelten Rogenscheiben 3 bis 4 Minuten im Wasserdampf garen.

Die umwickelten Rogenscheiben in einen Ring aus Meerrettichcreme auf die Tellermitte legen. Den Tellerrand mit etwas Pfeffer, Fleur de Sel und kleinen Schnittlauchröllchen bestreuen.

Tipp Können Sie keinen Kabeljau- oder Meeräschenrogen bekommen, wählen Sie stattdessen die Mittelstücke eines geräucherten Lachs.

Wein Ein Riesling.

meersalat

Gebratene weiße Zwiebeln
gefüllt mit Algen und Kaviar

Für vier Personen
Zubereitung: 50 Min.
Entsalzen: 20 Min.
Kochzeit: 35 Min.

50 g	Wakame
30 g	Meersalat
10	weiße Zwiebeln
60–80 g	Kaviar
50 g	Butter
1 EL	Apfelessig
4 EL	feste Crème fraîche
	feines Salz und Fleur de Sel de Guérande*
	frisch gemahlener Pfeffer
20	schwarze Pfefferkörner

Wakame und Meersalat 20 Minuten in kaltes Wasser legen. Anschließend sorgfältig abspülen und die Algen in 5 mm kleine Stücke schneiden. Den Backofen auf 200 °C (Gas Stufe 3–4) vorheizen.

Die ungeschälten Zwiebeln in Alufolie wickeln, 25 Minuten in den heißen Backofen legen, anschließend herausnehmen und in der Alufolie abkühlen lassen.

Die kalten Zwiebeln als Ganzes schälen. Zwei Zwiebeln fein hacken und beiseite stellen. Von den restlichen acht Zwiebeln einen Deckel abschneiden und die Zwiebeln etwas aushöhlen.

Die gehackten Zwiebeln in einer Pfanne in heißer Butter glasig dünsten, die Algen hinzugeben und weitere 6 Minuten dünsten. Mit Salz, Pfeffer und Apfelessig abschmecken.

Die Zwiebeln mit der Algenmischung füllen und je zwei Zwiebeln auf einen Teller geben. Auf jede Zwiebel ein Löffelchen Kaviar als Mützchen setzen, neben die Zwiebeln einen Klecks Crème fraîche geben, den Teller mit zerstoßenem schwarzen Pfeffer garnieren und sofort servieren.

Tipp Die Zwiebeln aus den Cevennen sind sehr schmackhafte weiße Zwiebeln: sie sind milder als andere Zwiebeln und haben ein leicht süßliches Aroma. Wählen Sie nur ganz frische Zwiebeln, denn sie halten sich nicht lange.

Wein Ein Champagner Blanc de Blancs.

zwiebeln

Schellfischtarte
mit Meeresspaghetti

Für sechs bis acht Personen
Zubereitung: 40 Min.
Entsalzen und Ruhezeit: 2½ Std.
Kochzeit: 30 Min.

60 g	Meeresspaghetti
250 g	Schellfisch
80 g	zarte Spinatblätter
15 g	Butter
1 TL	Senfkörner
2	ganze Eier
2	Eigelb
250 ml	Sahne
250 ml	Milch
	feines Salz
	frisch gemahlener Pfeffer
	Cayennepfeffer
	Muskatnuss

Für den Mürbeteig:

250 g	Mehl
125 g	Butter
1 TL	Algenflocken
1	Ei
5 g	feines Salz
	Butter und Mehl für die Tarteform

Den Schellfisch zwei Stunden, die Meeresspaghetti 20 Minuten in kaltes Wasser legen. Die Algen sorgfältig abspülen und in 1,5 cm große Stücke schneiden. Die Spinatblätter putzen, waschen, in einer Pfanne kurz in Butter schwenken und anschließend abtropfen lassen.

Für den Mürbeteig: In einer Schüssel das Mehl, die weiche Butter, die Algenflocken und das Salz mit den Fingerspitzen mischen. Das Ei und 120 ml Wasser hinzufügen, noch einmal mischen, zu einer Kugel formen und in Küchenfolie eingewickelt zwei Stunden im Kühlschrank ruhen lassen.

Den Backofen auf 180 °C (Gas Stufe 3) vorheizen. Den Teig auf einer mit Mehl bestäubten Arbeitsfläche ausrollen und eine ausgebutterte und mit Mehl bestäubte Tarteform damit auslegen. Den Teig mit einer Gabel einstechen. Die Tarteform weitere 30 Minuten in den Kühlschrank stellen und anschließend 10 Minuten im Backofen vorbacken.

In einer Schüssel die ganzen Eier, die Eigelb, die Sahne und die Milch miteinander verrühren. Mit Salz, frisch gemahlenem Pfeffer, einer Prise Cayennepfeffer und Muskatnuss würzen.

Den gewässerten Schellfisch in 2 cm große Würfel schneiden und mit den Meeresspaghetti, dem Spinat und den Senfkörnern mischen. Die Mischung auf dem vorgebackenen Teig verteilen, die Eiermischung darüber gießen und etwa 20 Minuten im Backofen backen.

Tipp Noch warm servieren und dazu einen grünen Salat mit Knoblauchcroutons reichen.

Wein Ein weißer Croze-Hermitage oder ein Pinot Noir.

Mit Algentatar gefüllte Kartoffeln
auf Safransauce

Für vier Personen
Zubereitung: 30 Min.
Entsalzen: 15 Min.
Kochzeit: 25 Min.

10 g	Dulse
12	mittelgroße Kartoffeln*
160 g	Algentatar (Rezept S. 35)
200 ml	Crème fraîche
	eine Prise Safranpulver
	einige Safranfäden
	feines Salz und Fleur de Sel de Guérande*
	frisch gemahlener Pfeffer

Dulse 15 Minuten in kaltes Wasser legen und anschließend sorgfältig ausspülen.

Die Kartoffeln mit Schale 20 bis 25 Minuten in Salzwasser kochen, anschließend pellen, einen Deckel abschneiden und die Kartoffeln mithilfe eines Messers und eines kleinen Löffels aushöhlen. Mit dem Algentatar bis über den Rand füllen.

Für die Safransauce: Crème fraîche mit dem Safranpulver und einigen Safranfäden 5 Minuten auf kleiner Flamme einkochen lassen. Anschließend mit Salz und Pfeffer abschmecken.

Die lauwarmen Kartoffeln mit einigen Dulseblättern in tiefe Teller geben. Mit etwas heißer Safransauce umrunden und mit frisch gemahlenem Pfeffer, Fleur de Sel und einigen Safranfäden bestreuen.

Tipp Wählen Sie vorwiegend fest kochende Kartoffelsorten, z.B. Spunta oder Roseval*.

Wein Ein Condrieu oder ein weißer Saint-Joseph.

safran

Ei in der Schale
mit Algenbrot und Algentatar

Für vier Personen
Zubereitung: 10 Min.
Kochzeit: 4 Min.

8	Eier
150 g	Algentatar (Rezept S. 35)
	Algenbrot (Rezept S. 160)
	Butter (wahlweise auch leicht gesalzen)
	Fleur de Sel de Guérande*
	frisch gemahlener Pfeffer

Die Eier 3 Minuten kochen. Einen Deckel abschneiden und auf jedes Ei einen Löffel Algentatar geben. Das Algenbrot erst in Scheiben und dann in Streifen schneiden.

Jedes Ei in einem Eierbecher servieren und mit Brotstreifen und Algentatar garnieren. Etwas frisch gemahlenen Pfeffer und Fleur de Sel darüber streuen.

Die Brotstreifen eventuell vorher etwas buttern.

Tipp Wählen Sie ganz frische Bio-Eier oder Eier aus Freilandhaltung. Die Eier schon vor dem Kochen aus dem Kühlschrank nehmen. Werden sie zu kalt ins kochende Wasser gelegt, platzt möglicherweise die Schale.

Wein Ein weißer Côte-Chalonnaise.

tatar

Steinpilzbouillon
mit Wakame und Ingwer

Für vier Personen
Zubereitung: 25 Min.
Entsalzen: 20 Min.
Kochzeit: 20 Min.

150 g	Wakame
500–600 g	junge Steinpilze
1	Bund glatte Petersilie
4	rosa Knoblauchzehen
25 g	frischer Ingwer
2	Lorbeerblätter
3 EL	Olivenöl
	feines Salz und Fleur de Sel de Guérande*
	frisch gemahlener Pfeffer

Wakame 20 Minuten in kaltes Wasser legen, sorgfältig abspülen und in 2 cm große Stücke schneiden. Die Steinpilze putzen und in dicke Scheiben schneiden. Die Blätter der Petersilie abzupfen und waschen.

Für die Court-bouillon: Einen Liter Wasser mit dem geschälten und in hauchdünne Streifen geschnittenen Knoblauch und Ingwer aufkochen. Lorbeerblätter, Salz und Pfeffer hinzufügen und 10 Minuten köcheln lassen.

Wakame, Steinpilze und Olivenöl hinzufügen. 5 Minuten auf kleiner Flamme kochen, dann die Petersilienblätter hineinstreuen und abschmecken.

Die Suppe mit den Pilzen in tiefe Teller füllen und sehr heiß servieren.

Tipp Anstelle der Steinpilze können Sie auch Champignons oder Shiitake-Pilze verwenden.

Wein Ein Puligny oder ein weißer Hermitage.

wakame

Champignontarte mit Dulse

Für sechs Personen
Zubereitung: 40 Min.
Entsalzen und Ruhezeit: 2½ Std.
Kochzeit: 35 Min.

40 g	Dulse
200 g	Champignons
2	Eier
2	Eigelb
250 ml	Sahne
25 ml	Milch
1	Bund Koriander
25 g	Butter
½ TL	Koriandersamen
	feines Salz
	frisch gemahlener Pfeffer

Für den Mürbeteig:

250 g	Mehl
125 g	Butter
1	Ei
1 TL	Algenflocken
5 g	feines Salz

Tipp Für Eilige: Verwenden Sie fertigen Mürbeteig (zum Ausrollen) aus dem Supermarkt.

Wein Ein Saint-Nicolas-de-Bourgueil oder ein roter Menetou-Salon.

Dulse 10 Minuten in kaltes Wasser legen, sorgfältig abspülen und in 1 cm große Stücke schneiden.

Für den Teig: In einer Schüssel Mehl, die weiche Butter, Algenflocken und Salz mit den Fingerspitzen mischen und das Ei und 120 ml Wasser hinzufügen. Noch einmal mit den Fingerspitzen rasch durchkneten, den Teig zu einer Kugel formen und in Küchenfolie gewickelt 2 Stunden im Kühlschrank ruhen lassen.

Den Backofen auf 180 °C (Gas Stufe 3) vorheizen. Den Teig auf einer mit Mehl bestäubten Arbeitsfläche ausrollen, die gebutterte und mit Mehl bestäubte Tarteform damit auslegen und den Teig mehrfach mit einer Gabel einstechen. Die Tarteform erneut eine halbe Stunde in den Kühlschrank stellen und anschließend den Teig 10 Minuten im Backofen vorbacken.

Eier, Eigelb, Sahne und Milch in einer Schüssel miteinander verrühren. Mit frisch gemahlenem Salz und Pfeffer abschmecken.

Die Champignons putzen, klein schneiden und mit dem zerstoßenen Koriandersamen kurz in etwas Butter sautieren. Mit Salz und Pfeffer abschmecken.

Die Champignons mit der Dulse und den klein gehackten Korianderblättern mischen und auf den vorgebackenen Teig geben. Die Eiermischung darüber gießen und 20 Minuten im Backofen backen. Heiß servieren.

dulse

Flan mit Meersalat
und Kurkumasahne

Für sechs Personen
Zubereitung: 40 Min.
Entsalzen: 15 Min.
Kochzeit 55 Min.

120 g	Meersalat
2	Eier
4	Eigelb
250 ml	Milch
450 ml	Sahne
20 g	Butter
	Chilipulver oder Piment d'Espelette*
	Kurkumapulver
	abgeriebene Schale einer Orange
	feines Salz und Fleur de Sel de Guérande*
1 TL	Algenflocken
	frisch gemahlener Pfeffer

Meersalat 15 Minuten in kaltes Wasser legen, sorgfältig abspülen und dann 15 Minuten in kochendes Wasser einlegen. Anschließend in Eiswasser abschrecken und im Mixer pürieren.

Den Backofen auf 150 °C (Gas Stufe 2) vorheizen. Das Algenpüree mit den Eiern und Eigelb verrühren. Die Milch und 250 ml Sahne erhitzen und kochend über die Eiermischung gießen. Unterrühren und mit Salz, Pfeffer und einer Prise Chilipulver würzen.

Gebutterte Auflaufförmchen randvoll mit der Mischung füllen und im Wasserbad 35 Minuten in den Backofen stellen.

Für die Kurkumasahne: 200 ml Sahne 5 Minuten auf kleiner Flamme einkochen lassen und mit drei Messerspitzen Kurkuma und einer Messerspitze in kochendem Wasser blanchierter Orangenschale würzen. Mit Salz und Pfeffer abschmecken.

Die Auflaufförmchen aus dem Backofen holen, etwas Kurkumasahne darüber gießen, mit Algenflocken bestreuen und sofort servieren.

Tipp Kurkuma gehört zur Familie der Ingwergewächse und schmeckt zugleich pfeffrig und leicht nach Muskat. Frisch verleiht er den Speisen ein appetitliches orangefarbenes Aussehen, getrocknet ist er intensiv gelb färbend und macht damit dem Safran Konkurrenz, auch wenn er einen ganz anderen Geschmack hat und wesentlich preiswerter ist.

Wein Ein Pouilly-sur-Loire.

Minestrone mit Nori
und in Algenflocken mariniertem Tofu

Für vier Personen
Zubereitung: 45 Min.
Entsalzen und Marinieren: 2 Std.
Kochzeit: 25 Min.

30 g	Nori
40 g	Meeresspaghetti
200 g	Tofu
½ TL	Algenflocken
50 g	Karotten
40 g	weiße Rüben
1	Stange Staudensellerie
40 g	Lauch
40 g	grüne Bohnen
60 g	Zucchini
50 g	Wirsing- oder Weißkohl
40 g	Zuckererbsen
2	Tomaten
8	Basilikumblätter
1	Knoblauchzehe
3 EL	Olivenöl
1	Lorbeerblatt
1	Thymianzweig
	feines Salz und Fleur de Sel de Guérande*
	frisch gemahlener Pfeffer

Nori und Meeresspaghetti 15 bis 20 Minuten in kaltes Wasser legen, sorgfältig abspülen und jeweils in 1 cm lange Stücke schneiden.

Das Gemüse putzen, waschen und je nach Sorte in 5 mm kleine Würfel schneiden. Den Tofu in 1 cm große Würfel schneiden. Die Tofuwürfel in einer Mischung aus einem Esslöffel Olivenöl und den Algenflocken wälzen. Mit Salz und Pfeffer würzen und zwei Stunden im Kühlschrank marinieren lassen.

Tomaten häuten (Tipp S. ???), entkernen und in Würfel schneiden. Die gewürfelten Tomaten mit dem Basilikum, der gehackten Knoblauchzehe und dem restlichen Olivenöl mischen und mit Salz und Pfeffer würzen.

In einem großen Topf 2½ Liter Wasser mit etwas Salz, Lorbeer und Thymian zum Kochen bringen. Nori, Meeresspaghetti und gewürfelte Karotten ins kochende Wasser geben. 5 Minuten kochen lassen und dann die gewürfelten weißen Rüben, Sellerie, Lauch und Bohnen zufügen. Schließlich das restliche, zerkleinerte Gemüse hineingeben, zuletzt die Zuckererbsen beifügen. Alles zusammen eine Viertelstunde kochen lassen.

Die Minestrone abschmecken und erst unmittelbar vor dem Servieren die Tofuwürfel und die Tomatenmischung hinzugeben. Zum Servieren in Suppenschalen füllen.

nori

Tipp Nehmen Sie die doppelte Mengenangabe aller Zutaten, denn diese Minestrone lässt sich gut einfrieren.

Wein Ein Muscadet sur Lie.

Grüne Salatsuppe
mit frischen Kräutern und Algen

Für vier Personen
Zubereitung: 35 Min.
Entsalzen: 20 Min.
Kochzeit: 20 Min.

40 g	Meersalat
60 g	Wakame
1	Bund Schnittlauch
1	Bund glatte Petersilie
1	Bund Koriander
15	Minzeblätter
50 g	Spinat
50 g	Rucola
½	Kopf Friséesalat, das gelbe Herz
½	Kopf glatter Endiviensalat
80 g	Butter
	feines Salz und Fleur de Sel de Guérande*
	frisch gemahlener Pfeffer

Meersalat und Wakame 15 bis 20 Minuten in kaltes Wasser legen, sorgfältig abspülen und in 1 cm große Stücke schneiden.

Die Kräuter und die Salate waschen, abtropfen lassen und mit einem Messer grob zerhacken.

In einem großen Topf 30 g Butter auf kleiner Flamme zerlassen, die Kräuter und Salate hineingeben und 5 Minuten dünsten. Anschließend 2 Liter Wasser aufgießen und die Algen hineingeben. Mit Salz und Pfeffer würzen und 15 Minuten kochen lassen.

Die Hälfte der Mischung durch ein trichterförmiges Sieb streichen und zurück in den Topf geben. Abschmecken und zusammen mit 50 g Butter mit dem Schneebesen aufschlagen. In Suppenschalen sehr heiß servieren.

Tipp Reichen Sie dazu dünne Scheiben im Backofen geröstetes Algenbrot (Rezept S. 160) und etwas Crème fraîche.

Wein Ein Quincy.

wakame

Dinkelsuppe mit Kombu royal und Basilikumtomaten

Für vier Personen
Zubereitung: 40 Min.
Entsalzen und Ruhezeit: 2 Std.
Kochzeit: 35 Min.

150 g	Dinkel
60 g	Kombu royal
2	Tomaten
10	Basilikumblätter
2	Knoblauchzehen
1	Zwiebel
2 EL	Olivenöl
6	Koriandersamen
1	Lorbeerblatt
1	Thymianzweig
1	Nelke
	feines Salz und Fleur de Sel de Guérande*
	frisch gemahlener Pfeffer

Den Dinkel waschen und 2 Stunden einweichen.

Kombu royal 20 Minuten in kaltes Wasser legen, sorgfältig abspülen, in 1 cm große Stücke schneiden und 12 Minuten in Salzwasser kochen.

Tomaten häuten (Tipp S. 22) und entkernen. Anschließend Tomaten, Basilikum und eine Knoblauchzehe klein hacken und mit Olivenöl vermischen. Mit Salz und Pfeffer würzen.

In einem großen Topf 1½ Liter Wasser zum Kochen bringen und Salz, Lorbeerblatt, Thymianzweig, Koriandersamen, die geschälte und mit einer Nelke gespickte Zwiebel und klein gehackte Knoblauchzehe hineingeben. Den Dinkel zufügen und die Suppe auf kleiner Flamme 35 Minuten köcheln lassen.

Die Kräuter, Zwiebel und Koriandersamen aus der Suppe nehmen, Kombu untermischen und die Suppe abschmecken.

Die Suppe in tiefen Tellern servieren und vorher einen Esslöffel gehackte Tomaten in die Mitte geben. Mit fein gehacktem Basilikum garnieren.

Tipp Statt des Dinkels können sie auch Perlgraupen nehmen.

Wein Ein Costières-de-Nîmes.

dinkel

Butternusskürbissuppe
mit Meeresspaghetti

Für vier Personen
Zubereitung: 35 Min.
Entsalzen: 20 Min.
Kochzeit: 25 Min.

100 g	Meeresspaghetti
1	Butternusskürbis (ca. 1,4 kg)
50 g	Butter
200 ml	Milch
150 ml	süße Sahne
	abgeriebene Schale einer Orange
1 TL	Kurkuma
1 EL	Algenflocken
	feines Salz und Fleur de Sel de Guérande*
	frisch gemahlener Pfeffer

Meeresspaghetti 20 Minuten in kaltes Wasser legen, sorgfältig abspülen und in 3 cm große Stücke schneiden.

Den Kürbis schälen, entkernen und das Fleisch in Stücke schneiden. In einem Schmortopf die Kürbisstücke in Butter andünsten und anschließend vier Fünftel der Orangenschale, das Kurkuma, Salz und Pfeffer hinzugeben. Die Milch darüber gießen, mit Wasser auffüllen und 25 Minuten köcheln lassen.

Die Kürbisstücke durch ein Spitzsieb streichen oder passieren und dabei die Flüssigkeit auffangen. Abschmecken und die Suppe mit dem Kürbissaft etwas strecken, falls sie zu dick sein sollte.

Die Meeresspaghetti 10 bis 12 Minuten im Wasserdampf garen.

Die kalte Sahne zu Schlagsahne schlagen und dann die restliche Orangenschale, die Algenflocken und etwas Salz und Pfeffer untermischen.

Die Meeresspaghetti in tiefe Teller geben und die Suppe darüber gießen. Einige Löffel Schlagsahne auf die Suppe geben und sofort servieren.

Tipp Anstelle des Butternusskürbis können Sie auch eine andere Kürbissorte wählen, wie Potimarron oder Hokkaido.

Wein Ein Pouilly-Fumé oder einen Mâcon-Vinzelles.

kürbis

Tomatengazpacho mit Dulse, Sandgarnelen und Pistou

Für vier Personen
Zubereitung: 30 Min.
Entsalzen: 15 Min.

60 g	Dulse
125 g	geschälte Sandgarnelen (Krabben)
5	reife Tomaten
½	Salatgurke
1	milde, weiße Zwiebel
1	Knoblauchzehe
1	rote Paprika
1	Stange Staudensellerie
1 EL	Apfelessig
5 EL	Olivenöl
1	Bund Basilikum
	feines Salz oder Fleur de Sel de Guérande*
	frisch gemahlener Pfeffer
	Chilipulver oder Piment d'Espelette*

Dulse 10 bis 15 Minuten in kaltes Wasser legen, sorgfältig abspülen, in 5 mm kleine Stücke schneiden und mit den geschälten Garnelen mischen.

Die Gurke, die Zwiebel und eine halbe Knoblauchzehe schälen und in Stücke schneiden. Die Tomate und die rote Paprika entkernen und mit dem Staudensellerie in Stücke schneiden. Anschließend das ganze Gemüse im Mixer pürieren. Mit Salz, Pfeffer, einer Messerspitze Chilipulver, Apfelessig und 2 EL Olivenöl würzen, durch ein Spitzsieb streichen, abschmecken und kühl stellen.

Basilikum und die andere Hälfte der Knoblauchzehe klein hacken. Im Mixer mit 3 Esslöffeln Olivenöl und einem Esslöffel Wasser pürieren und mit Salz und Pfeffer würzen.

Zum Servieren die Garnelenmischung in die Mitte der tiefen Teller geben, die Tomatengazpacho ringförmig darum verteilen und mit einigen Tupfern Pistou und Basilikumblättern garnieren.

Tipp Servieren Sie den Pistou à part mit kleinen Croûtons aus geröstetem Algenbrot (Rezept S. 160).

Wein Ein Côtes-de-Provence rosé oder ein Jurançon demi-sec.

pistou

Kalte Zucchinisuppe
mit Meersalat und Thymian

Für vier Personen
Zubereitung: 25 Min.
Entsalzen: 15 Min.
Kochzeit: 10 Min.

80 g	Meersalat
8	kleine, zarte Zucchini
2	Würfel Gemüsebouillon
3	Zweige Zitronenthymian
150 ml	Schmant oder dicke, saure Sahne
½ TL	Algenflocken
2 EL	Olivenöl
20 g	fein geriebener Parmesan
	feines Salz und Fleur de Sel de Guérande*
	frisch gemahlener Pfeffer

Meersalat 10 bis 15 Minuten in kaltes Wasser legen, sorgfältig abspülen und in 3 cm große Stücke schneiden.

Zucchini vierteln und eventuell vorhandene Kerne auskratzen. Anschließend in Stücke schneiden.

Gemüsebouillonwürfel in 2,5 Liter kochend heißem Wasser auflösen, die Zucchini und den Meersalat hineingeben und etwa 8 Minuten kochen lassen.

Zucchini und Meersalat mit einem Schaumlöffel aus der Bouillon heben, Zitronenthymianblätter untermischen und zusammen durch ein Spitzsieb streichen. Abschmecken und eventuell mit etwas Bouillon verlängern. Kühl stellen.

Schmant, Algenflocken und Olivenöl miteinander vermischen und mit Salz und frisch gemahlenem Pfeffer abschmecken.

Die Suppe in tiefe Suppenschalen füllen. Einen Löffel der Crememischung in die Mitte geben und mit Parmesan bestreuen.

Tipp Die Suppe nicht zu kalt und schon gar nicht geeist servieren. Reichen Sie dazu kleine Croûtons aus geröstetem Algenbrot (Rezept S. 160).

Wein Ein weißer Bandol.

zucchini

Velouté von Maronen
und Meeresspaghetti mit Süßholz

Für vier Personen
Zubereitung: 40 Min.
Entsalzen: 20 Min.
Kochzeit: 25 Min.

100 g	Meeresspaghetti
250 g	gekochte Maronen/ Esskastanien (aus dem Glas oder tiefgefroren)
20 ml	Weißwein
1	fester, grüner Apfel
2	Schalotten
1	Stück Lauchstange (10 cm)
60 g	Butter
250 ml	süße Sahne
250 ml	Milch
1	Würfel Hühnerbouillon
	feines Salz und Fleur de Sel de Guérande*
	frisch gemahlener Pfeffer
	fein gemahlenes Süßholz

Meeresspaghetti 15 bis 20 Minuten in kaltes Wasser legen, sorgfältig abspülen und in 3 cm lange Stücke schneiden. Danach etwa 8 bis 12 Minuten im Wasserdampf garen und beiseite stellen.

Maronen in Weißwein auftauen lassen.

Apfel schälen, in kleine Würfel schneiden und in einer Pfanne 2 Minuten in Butter schwenken.

Einen Teil der gekühlten Sahne (100 ml) mit etwas fein geraspelten Süßholz zu Schlagsahne schlagen, mit Salz und Pfeffer würzen und kühl stellen.

Schalotten und Lauchstange schälen, fein hacken und in einem Topf mit 40 g Butter auf kleiner Flamme glasig dünsten. Die Maronen hinzugeben und ein paar Minuten lang einkochen lassen.

Milch, den in 250 ml heißem Wasser aufgelösten Hühnerbouillonwürfel, Salz und Pfeffer hinzufügen und eine Viertelstunde köcheln lassen.

Das Gemüse etwas abtropfen lassen, dabei die Kochflüssigkeit auffangen. 150 ml Sahne unter das Gemüse mischen, eventuell mit Kochflüssigkeit verlängern, abschmecken und durch ein Spitzsieb streichen.

Meeresspaghetti und gewürfelten Apfel in tiefe Teller geben, die Maronensuppe darüber gießen und in die Mitte einen Klecks Schlagsahne mit Süßholz setzen.

Tipp In der Saison können Sie frische Maronen verwenden, die Sie zunächst in der Schale rösten, um sie besser schälen zu können. Süßholzpulver ist häufig schwer zu finden. Es lässt sich durch ein Stück Süßholz ersetzen, das Sie über Nacht in die kalte Sahne einlegen sollten.

Wein Ein Patrimonio.

Seebarsch in Salzkruste
mit Algen und Noributter

Für vier Personen
Zubereitung: 35 Min.
Entsalzen: 20 Min.
Kochzeit: 25 Min.

80 g	Kombu
15 g	Nori
1	Seebarsch (ca. 1,8 bis 2 kg)
1	Würfel Gemüsebouillon
150 g	Butter
1	Eigelb
	feines Salz und Fleur de Sel de Guérande*
	frisch gemahlener Pfeffer

Für die Salzkruste:

1,3 kg	grobes Meersalz
600 g	Mehl
4 EL	Algenflocken
5	Eiweiß
100 ml	Wasser
1 TL	zerstoßene, schwarze Pfefferkörner

Kombu und Nori 15 bis 20 Minuten in kaltes Wasser legen und anschließend sorgfältig abspülen. Den Seebarsch ausnehmen, schuppen und mit Küchenpapier trocknen.

Für die Salzkruste: grobes Meersalz, Mehl, Algenflocken und zerstoßenen schwarzen Pfeffer miteinander vermischen. Das Eiweiß und etwas Wasser hinzugeben, um die Masse zu einem Teig formen zu können (lässt sich bereits am Vortag herstellen).

Den Backofen auf 220 °C (Gas 4–5) vorheizen. Den Seebarsch mit dem bretonischen Kombu umwickeln. Auf einer mit Mehl bestäubten Arbeitsfläche den Salzteig ausstreichen und den Fisch damit umhüllen. Den Fisch auf ein Backblech legen, den restlichen Teig darüber geben und für etwa 12 Minuten in den Backofen stellen. Anschließend die Temperatur auf 200 °C (Gas Stufe 3–4) senken und den Fisch weitere 13 Minuten im Backofen lassen.

Für die Sauce: Auf kleiner Flamme den Bouillonwürfel in 300 ml Wasser auflösen, die klein gehackte Nori hineingeben und etwa 4 Minuten darin ziehen lassen. Die in kleine Würfel geschnittene Butter mit einem Schneebesen unterrühren, mit dem Eigelb binden und mit Salz und Pfeffer abschmecken.

Den Fisch aus dem Backofen holen und vor dem Servieren in der Salzkruste etwa 10 Minuten abkühlen lassen. Die Sauce à part dazu reichen.

nori

Tipp Für Eilige: Ersetzen Sie die Noributtersauce durch Algenöl (Rezept S. 175).

Wein Ein Pouilly-Fuissé oder ein Tokaj Pinot Gris.

Kabeljau
im Kombu royal-Mantel

Für 4 Personen
Zubereitung: 30 Min.
Entsalzen: 20 Min.
Kochzeit: 30 Min.

100 g	Kombu royal
4	Stücke Kabeljau mit Haut
2	Schalotten
16	Kaffeebohnen
400 m	Rotwein (Côtes-du-Rhône)
1 EL	Sojasauce
½ TL	Sherryessig
180 g	Butter
2 EL	Olivenöl
	Selleriesalz (Rezepte S. 173)
	feines Salz und Fleur de Sel de Guérande*
	frisch gemahlener Pfeffer

Kombu royal 15 bis 20 Minuten in kaltes Wasser legen, sorgfältig abspülen und vierteln.

Die Kabeljaustücke mit Selleriesalz, feinem Salz und frisch gemahlenem Pfeffer einreiben. In Kombu wickeln, mit Küchengarn verschnüren und kühl stellen.

Für die Sauce: In einer Kasserolle die fein gehackten Schalotten in 20 g heißer Butter hell anschwitzen und anschließend die Kaffeebohnen zugeben. Den Rotwein darüber gießen und auf die Hälfte einkochen lassen. Die Sojasauce hinzugeben und dann die restliche, kalte, in kleine Würfel geschnittene Butter mit dem Schneebesen unterrühren. Mit Salz und Pfeffer und etwas Sherryessig abschmecken und durch ein Spitzsieb streichen.

In einer Pfanne 2 Esslöffel Olivenöl und 20 g Butter erhitzen und die Kabeljauwickel darin von beiden Seiten etwa 4 Minuten dünsten. Auf Küchenpapier abtropfen lassen, das Küchengarn entfernen, die Kabeljauwickel auf Teller legen und die Sauce darum gießen.

Tipp So zubereitet schmeckt der Kabeljau ganz besonders zart.

Wein Ein roter Collioure oder ein Cornas.

kombu

Goldbrasse mit Lorbeer und Dulse,
Fenchel, Tomate und Parmesan

Für vier Personen
Zubereitung: 35 Min.
Entsalzen: 20 Min.
Kochzeit: 20 Min.

60 g	Dulse
1	Goldbrasse (1,2 bis 1,5 kg)
1	Zwiebel
2	Knoblauchzehen
3	Tomaten
1	Fenchelknolle
60 g	gehobelter Parmesan
1 TL	Algenflocken
6	Lorbeerblätter
6 EL	Olivenöl
	feines Salz und Fleur de Sel de Guérande*
	frisch gemahlener Pfeffer

Dulse 15 bis 20 Minuten in kaltes Wasser legen und sorgfältig abspülen.

Goldbrasse ausnehmen, schuppen und mit Küchenpapier abtrocknen. Den Fisch von innen würzen und mit der Dulse ausstopfen. Auf beiden Seiten der Goldbrasse die Lorbeerblätter unter die Haut schieben.

Zwiebel und Knoblauchzehen schälen. Tomaten und Zwiebeln in Scheiben schneiden und Knoblauch und Fenchel fein hacken.

Den Backofen auf 225 °C (Gas 4–5) vorheizen. Eine ovale Auflaufform abwechselnd mit den Tomaten, dem Fenchel, gehobeltem Parmesan und den Zwiebelringen auslegen. Die Goldbrasse in die Mitte legen, mit den gehackten Knoblauchzehen und den Algenflocken bestreuen, Olivenöl darüber gießen und mit Salz und Pfeffer würzen.

Im Backofen 20 Minuten garen, anschließend 10 Minuten vor dem Servieren ruhen lassen.

Tipp Für dieses Rezept können Sie auch einen Graubarsch oder eine Streifenbrasse verwenden, die etwas preiswerter sind. Allerdings ist deren Fleisch auch nicht so fest.

Wein Ein Côtes-du-Luberon rosé.

dulse

Seeteufel
mit Algen-Kräuter-Panade

Für vier Personen
Zubereitung: 35 Min.
Entsalzen: 20 Min.
Kochzeit: 15 Min.

80 g	Meeresspaghetti
	Schwanzstück eines Seeteufels (1,2 kg bis 1,5 kg)
80 g	Mehl
1 EL	Algenflocken
1	Eiweiß
4 EL	Olivenöl
1 EL	Poudre de Colombo*
½ TL	Fünf-Gewürze-Pulver
	feines Salz und Fleur de Sel de Guérande*
	frisch gemahlener Pfeffer

Meeresspaghetti 15 bis 20 Minuten in kaltes Wasser legen und sorgfältig abspülen.
Seeteufel häuten, das Rückgrat entfernen und in große Stücke schneiden (drei Stücke pro Person)
Für die Panade: Mehl mit Algenflocken, Colombo, Fünf-Gewürze-Pulver, Salz und frisch gemahlenem Pfeffer mischen.
Seeteufel salzen und pfeffern. Das Eiweiß leicht aufschlagen und die Seeteufelstücke darin wälzen. Anschließend den Fisch in der Mehlmischung wenden und überschüssiges Mehl durch leichtes Abklopfen entfernen.
Meeresspaghetti 8 bis 12 Minuten im Wasserdampf garen.
Vom Olivenöl 2 Esslöffel in einer Pfanne stark erhitzen und die Seeteufelstücke 6 bis 8 Minuten von allen Seiten darin braten. Anschließend auf Küchenpapier abtropfen lassen.
Die Seeteufelstücke auf einem Bett aus Meeresspaghetti servieren und mit einigen Tropfen Olivenöl beträufeln.

Tipp Wählen Sie kleine, nicht zu feste Seeteufel und lassen Sie sie nicht zu lange braten.

Wein Ein weißer Châteauneuf-du-Pape.

lotte

Gefüllte Kalmare
mit Algen und frischen Kräutern

Für vier Personen
Zubereitung: 45 Min.
Entsalzen: 20 Min.
Kochzeit: 40 Min.

10 g	Dulse
10 g	Meersalat
15 g	Meeresspaghetti
10	Kalmare
60 g	frische, junge Spinatblätter
je 1	Schalotte, Zwiebel und Knoblauchzehe
3	Tomaten
2	Bund Schnittlauch
½	Bund glatte Petersilie
½	Bund Koriander
10	Basilikumblätter
2 EL	Pinienkerne
3 EL	Olivenöl
	feines Salz und Fleur de Sel de Guérande*
	frisch gemahlener Pfeffer
	Chilipulver oder Piment d'Espelette*
	Safranfäden

Dulse, Meeresspaghetti und Meersalat 15 bis 20 Minuten in kaltes Wasser legen, sorgfältig abspülen, klein schneiden.
Kalmare vorbereiten, säubern (Körper und Tentakel ganz lassen) und innen und außen gründlich waschen. Die acht schönsten zur Seite legen, den Rest klein würfeln.
Kräuter und Spinat kurz in kochendes Salzwasser geben, abtropfen lassen, in Eiswasser abschrecken und erneut abtropfen lassen. Im Mixer pürieren und das Püree durch ein Sieb streichen.
Die gehackte Schalotte in einem Esslöffel Olivenöl glasig dünsten. Die Kalmarwürfel hinzugeben, 5 bis 6 Minuten dünsten und dann die klein gehackte Knoblauchzehe, die Algen, das Kräuterpüree und schließlich die zuvor im Backofen gerösteten Pinienkerne hinzugeben. Abschmecken und weitere 5 Minuten dünsten lassen.
Den Backofen auf 220°C (Gas Stufe 4–5) vorheizen. Die Tomaten entkernen, in Würfel schneiden und abtropfen lassen. Die gehackte Zwiebel in einem Löffel Olivenöl glasig dünsten und die Tomaten und einige Safranfäden hinzugeben. 15 bis 20 Minuten einkochen lassen, würzen, im Mixer fein pürieren und einen Esslöffel Olivenöl und eine Prise Chilipulver untermischen.
Kalmare mit der Kräutermischung füllen, in eine Backform legen und mit Olivenöl beträufeln. 12 Minuten im Backofen garen, danach 10 Minuten außerhalb des Backofens abkühlen lassen.
Etwas Tomatensauce mit zwei gefüllten Kalmaren auf die Teller geben und eine Prise Chilipulver darüber streuen.

Wein Ein trockener Côtes-de-Duras.

Pochierter Schellfisch
in Kombu royal und Dulse

Für vier Personen
Zubereitung: 25 Min.
Entsalzen: 2 Std.
Kochzeit: 15 Min.

150 g	Kombu royal
60 g	Dulse
600 g	geräuchertes Schellfischfilet ohne Haut
1	Sellerieknolle
1 l	Milch
150 ml	Sahne
30 g	Butter
1 TL	Poudre de Colombo*
	Fleur de Sel de Guérande*
	frisch gemahlener, schwarzer Pfeffer

Tipp Der Schellfisch lässt sich auch durch Klippfisch ersetzen.

Wein Ein Pouilly-Vinzelles oder ein weißer Bergerac.

Kombu royal und Dulse 15 bis 20 Minuten in kaltes Wasser legen und sorgfältig abspülen. Kombu in vier 15 cm lange Stücke schneiden.

Schellfischfilets zwei Stunden in kaltes Wasser einlegen. Anschließend in vier Teile schneiden, die Dulse darauf legen und beides zusammen in die Kombublätter einwickeln.

Sellerieknolle schälen, in 6 mm dünne Scheiben schneiden und diese wiederum in Dreiecke mit einer Kantenlänge von 5 cm teilen. Den Sellerie 2 Minuten in kochendem Salzwasser blanchieren und anschließend abschrecken. Danach den Sellerie in eine heiße Pfanne geben, mit der Colombo-Würzmischung bestreuen und 4 Minuten in heißer Butter schmoren. Mit Salz und Pfeffer abschmecken.

Die Milch aufkochen und den Schellfisch im Algenmantel hineinlegen. Den Topf vom Herd nehmen und den Fisch eine Viertelstunde in der Milch ziehen lassen. Die Sahne mit etwas Colombo-Würze, Salz und Pfeffer 5 Minuten einkochen lassen.

Die Fischwickel auf Teller verteilen, dabei den Algenmantel etwas öffnen, damit Dulse und Fisch sichtbar werden. Etwas Pfeffer darüber streuen und mit Sauce nappieren und Sellerie umlegen.

schellfisch

Makrelen en papillote
mit Meersalat, Dulse und Senf

Für vier Personen
Zubereitung: 25 Min.
Entsalzen und Marinieren: 20 Min.
Kochzeit: 10 Min.

30 g	Meersalat
25 g	Dulse
4	große Makrelen
4	Tomaten
1	Zitrone (Saft)
1	Knoblauchzehe
1	Rosmarinzweig
	Kräutersenf
4 EL	Olivenöl
	feines Salz und Fleur de Sel de Guérande*
	frisch gemahlener Pfeffer

Meersalat und Dulse 15 bis 20 Minuten in kaltes Wasser legen, sorgfältig abspülen und in kleine Stücke schneiden.

Die Makrelen ausnehmen, filetieren und mit einer Pinzette die kleinen Gräten entfernen. Mit Salz und Pfeffer einreiben und in Zitronensaft, klein gehacktem Knoblauch und gehacktem Rosmarin im Kühlschrank 20 Minuten marinieren.

Jedes Filet mit Kräutersenf bestreichen und auf die Hälfte der Filets Meersalat und die in Scheiben geschnittenen Tomaten legen. Mit einem zweiten Makrelenfilet bedecken.

Den Backofen auf 220 °C (Gas Stufe 4–5) vorheizen. Vier Stücke Aluminiumfolie zurechtschneiden etwas Dulse darauf streuen, eine Makrele darauf legen und noch etwas Dulse darüber streuen. Jeweils einen Esslöffel Olivenöl darüber gießen.

Die Folie gut um den Fisch verschließen, auf ein Backblech legen und 6 bis 8 Minuten im Backofen backen.

Tipp Vorsicht: Die Backzeit hängt von der Größe der Makrelen ab.

Wein Ein Reuilly rosé.

makrelen

Makrelen in Weißwein
mit Kombu royal und Limette

Für vier Personen
Zubereitung: 25 Min.
Entsalzen und Einlegen: 1 Std.
Kochzeit: 35 Min.

75 g	Kombu royal
12	kleine Makrelen
1	Karotte
1	Limette
300 ml	Weißwein
½ EL	Apfelessig
1 EL	Sojasauce
½ TL	Algenflocken
1	Lorbeerblatt
15	Koriandersamen
1	Gewürznelke
	Chilipulver oder Piment d'Espelette*
2 EL	Olivenöl
	feines Salz und Fleur de Sel de Guérande*
	frisch gemahlener Pfeffer

Kombu royal 15 bis 20 Minuten in kaltes Wasser legen, sorgfältig abspülen und in 3 cm große Stücke schneiden.

Makrelen ausnehmen, Köpfe abschneiden und die Fische mit Küchenpapier gut abtrocknen.

Für die Court-bouillon: In einen Topf 300 ml Wasser, Weißwein, Apfelessig, Sojasauce, Lorbeerblatt, die geschälte und in feine Scheiben geschnittene Karotte, Algenflocken, eine Prise Chilipulver, Koriandersamen, Gewürznelke und die geviertelte und in feine Scheiben geschnittene Limette geben. Salz und Pfeffer hinzufügen, auf kleiner Flamme 12 Minuten kochen und anschließend kühl stellen.

Den Backofen auf 160 °C (Gas 5–6) vorheizen. Die Makrelen mit Salz und frisch gemahlenem Pfeffer einreiben und flach in eine Backform legen. Kombu zwischen die Makrelen schieben und mit der Court-bouillon begießen.

Im Backofen 20 Minuten backen und anschließend im Sud abkühlen lassen. Die ganzen Makrelen kalt servieren und mit dem Gemüse der Court-bouillon und dem Kombu garnieren. Vor dem Servieren etwas Olivenöl darüber träufeln.

Tipp Die Makrelen zerteilen (vorher sorgfältig die kleinen Gräten entfernen) und mit einer mit Sahne und Minze angemachten Gurke servieren.

Wein Ein Chablis oder ein Irouléguy.

Brandade vom Klippfisch
à l'Orange mit Algenflocken

Für vier Personen
Zubereitung: 35 Min.
Entsalzen: am Vortag 24 Std. (Stockfisch) und 20 Min. (Algen)
Kochzeit: 30 Min.

500 g	Klippfisch (gesalzener Stockfisch)
450 g	Kabeljaufilet
2–3	Auberginen
3	Knoblauchzehen
	abgeriebene Schale einer Orange
400 ml	Milch
1	Lorbeerblatt
1	Thymianzweig
150 ml	Sahne
½ TL	Algenflocken
250 ml	Olivenöl
½ TL	Sesamkörner
	feines Salz und Fleur de Sel de Guérande*
	frisch gemahlener Pfeffer

Klippfisch am Vortag wässern und vor der Zubereitung mehrmals sorgfältig mit kaltem Wasser abspülen. Klippfisch und Kabeljau in kleine Stücke schneiden. Den Backofen auf 220 °C (Gas Stufe 4–5) vorheizen.

Auberginen der Länge nach halbieren. In eine Backform legen, mit Olivenöl beträufeln, salzen und pfeffern und für etwa eine halbe Stunde in den Backofen schieben. Die Knoblauchzehen schälen.

Das Auberginenfleisch mit einem Löffel aus der Schale holen, mit einer Gabel zerdrücken und mit einer klein gehackten Knoblauchzehe, 3 Esslöffeln Olivenöl, Salz und Pfeffer vermischen.

Die Milch mit dem Lorbeerblatt, einer Knoblauchzehe, dem Thymianzweig, der Orangenschale und etwas Pfeffer erhitzen und den Stockfisch und den Kabeljau darin pochieren. Dazu 8 Minuten auf kleiner Flamme in der Milch köcheln lassen. Anschließend den Fisch abtropfen lassen und eventuell noch kleine Gräten entfernen. Die mitgekochte Knoblauchzehe und die verbleibende Knoblauchzehe fein hacken.

Klippfisch, Kabeljau, gehackten Knoblauch und Algenflocken miteinander vermengen. Die Sahne etwas einkochen und unter den Fisch mischen. Nach und nach etwas Olivenöl zufügen und mit einem Schneebesen aufmontieren. Eventuell nachwürzen.

Auf jeden Teller abwechselnd drei oder vier Klößchen von der Brandade und dem Auberginenconcassée geben. Mit dem im Backofen gerösteten Sesam bestreuen und servieren.

Tipp Probieren Sie die Brandade auch mit kleinen Croûtons aus geröstetem Algenbrot (Rezept S. 160) und einem Salat (aus Portulak oder Brunnenkresse).

Wein Ein Côtes-du-Roussillon rosé.

Rochen nach Müllerinart
mit Kartoffeln und Meeresspaghetti

Für vier Personen
Zubereitung: 35 Min.
Entsalzen: 24 Std.
Kochzeit: 25 Min.

100 g	Meeresspaghetti
4	kleine Rochenflügel
450 g	kleine Kartoffeln (z.B. Bamberger Hörnchen)*
2	Bund Frühlingszwiebeln
100 g	Shiitake-Pilze
6	Knoblauchzehen
1	Thymianzweig
1	Rosmarinzweig
1	Bund Schnittlauch
1 EL	Sherryessig
80 g	Butter
500 ml	Traubenkernöl
	feines Salz und Fleur de Sel de Guérande*
	frisch gemahlener Pfeffer

Meeresspaghetti 15 bis 20 Minuten in kaltes Wasser legen und anschließend sorgfältig abspülen. Rochenflügel waschen und trocknen.

Kartoffeln in der Schale halbieren. Frühlingszwiebeln waschen und etwas Grün dran lassen. Pilze putzen und die Knoblauchzehen schälen.

In einer Pfanne die Kartoffeln in 3 Esslöffeln heißem Öl schwenken. Nach der Hälfte der Garzeit Knoblauchzehen, Thymian, Rosmarin, Frühlingszwiebeln und schließlich die Pilze hinzugeben. Mit Salz und Pfeffer abschmecken. Ein Stückchen Butter und das klein gehackte Zwiebelgrün hinzugeben.

Meeresspaghetti in auf 180 °C erhitztem Traubenkernöl frittieren und auf Küchenpapier abtropfen lassen.

Rochenflügel mit Salz und Pfeffer einreiben und in einer Pfanne mit 3 Esslöffeln heißem Öl vier Minuten von jeder Seite anbraten. Mit einem Messer die schwarze Haut entfernen. Die Pfanne auswischen und den Essig darin ein wenig einkochen lassen. Mit der restlichen Butter aufmontieren, abschmecken und den fein geschnittenen Schnittlauch dazugeben.

Die Rochenflügel auf ein Bett aus frittierten Meeresspaghetti legen und mit der Schnittlauchbutter garnieren. Die Kartoffeln getrennt servieren.

Tipp Am Besten schmecken die Flügel des Nagel- oder Keulenrochens. Nehmen sie nur tagesfrischen Fisch!

Wein Ein Jasnières oder ein Crozes-Hermitage.

Meerbarbe mit Fenchel
in einer Hülle aus Meersalat

Für vier Personen
Zubereitung: 35 Min.
Entsalzen: 20 Min.
Kochzeit: 10 Min.

25 g	Meersalat
4	Meerbarben (Gewicht von je 250 g bis 300 g)
2	Fenchelknollen
1	Orange, unbehandelt
6 EL	Olivenöl
	feines Salz und Fleur de Sel de Guérande*
	Selleriesalz (Rezept S. 173)
	frisch gemahlener Pfeffer

Tipp Die Päckchen erst kurz vor dem Servieren in den Backofen geben, denn so köchelt der Fisch in seiner Umhüllung noch weiter.

Wein Ein Riesling oder ein weißer Bandol.

Meersalat 15 bis 20 Minuten in kaltes Wasser legen und sorgfältig abspülen.

Meerbarben zur Entfernung der Rückengräte so aufschneiden, dass dabei der Schwanz nicht beschädigt wird. Köpfe abschneiden und mit einer Pinzette die kleinen Gräten entfernen.

Fenchel klein hacken und mit 1 Esslöffel Olivenöl 3 Minuten andünsten. Von der Orange möglichst lange, feine Streifen abschälen. Die Orangenschalenstreifen zweimal blanchieren und abtropfen lassen.

Meerbarben mit etwas Fenchel und einigen Streifen Orangenschale füllen. Mit Salz und Pfeffer würzen und in den Meersalat wickeln.

Den Backofen auf 225 °C (Gas Stufe 4–5) vorheizen. Den restlichen Fenchel und die Orangenschale auf vier passend geschnittene Stücke Aluminiumfolie verteilen. Die Meerbarben darauf legen, mit einem Esslöffel Olivenöl beträufeln, mit etwas Selleriesalz bestreuen und fest mit der Aluminiumfolie umwickeln.

Die Päckchen auf ein bereits vorgewärmtes Backblech legen und im Backofen 6 bis 8 Minuten backen. Anschließend 5 Minuten ruhen lassen. Die Päckchen auf Teller legen und darin servieren.

meerbarbe

Petersfisch mit Kohl, Muskatblüte und Kombu royal

Für vier Personen
Zubereitung: 35 Min.
Entsalzen: 20 Min.
Kochzeit: 30 Min.

2	Petersfische à 900 g
80 g	Kombu royal
1	Wirsing- oder Weißkohl
6 EL	Algenöl (Rezept S. 175)
2 EL	Aceto Balsamico
60 g	Butter
	Muskatblüte ganz und gemahlen
	feines Salz und Fleur de Sel de Guérande*
	frisch gemahlener Pfeffer

Tipp Petersfisch sollte genau wie Meerbarbe nicht zu lange gegart werden, daher empfiehlt es sich, die Kochzeit gut zu überwachen.

Wein Ein Puligny-Montrachet.

Kombu royal 15 bis 20 Minuten in kaltes Wasser legen, sorgfältig abspülen und in 3 cm große Stücke schneiden.
Die Fische ausnehmen und mit einer Schere die Flossen abschneiden. Von beiden Seiten Kombu und Muskatblüte unter die Haut des Fisches schieben und die Fische mit Salz und Pfeffer einreiben.
Kohl in Stücke schneiden und zweimal in Salzwasser blanchieren. Anschließend abschrecken und abtropfen lassen.
Die Butter in der Pfanne auflösen mit einer Prise gemahlener Muskatblüte schmelzen lassen. Den Kohl hineingeben, 8 Minuten vorsichtig dämpfen und mit Salz und Pfeffer würzen.
Den Backofen auf 220 °C (Gas Stufe 4–5) vorheizen. In einer Pfanne die Fische in 3 Esslöffeln heißem Algenöl von beiden Seiten anbraten. Anschließend für 16 Minuten in den Backofen geben und vor dem Servieren 10 Minuten ruhen lassen.
Die Pfanne mit 100 ml Wasser ablöschen, Aceto Balsamico und das restliche Algenöl zufügen und abschmecken.
Den Fisch filetieren. In die Mitte jedes Tellers etwas Kohl geben und darauf je ein Fischfilet legen. Den Saft außen herum träufeln und mit etwas Fleur de Sel und frisch gemahlenem Pfeffer bestreuen.

muskatblüte

Seezunge in Noributter
mit Stampfkartoffeln

Für vier Personen
Zubereitung: 35 Min.
Entsalzen: 20 Min.
Kochzeit: 20 Min.

10 g	Nori
10 g	Meersalat
2	dicke Seezungen à 1,8 kg
8	Kartoffeln (Roseval)*
25 g	ganze Haselnüsse
1	Würfel Gemüsebouillon
120 g	Butter
3 EL	Haselnussöl
	feines Salz und Fleur de Sel de Guérande*
	frisch gemahlener Pfeffer

Nori und Meersalat 15 bis 20 Minuten in kaltes Wasser legen und anschließend sorgfältig abspülen. Nori in kleine Stücke schneiden.

Die Seezungen filetieren, die Fischfilets mit Salz und Pfeffer würzen, der Länge nach mit einem Blatt Meersalat bedecken, zu einer Rolle formen und jeweils in ein Stück Aluminiumfolie wickeln.

Kartoffeln mit der Schale 20 Minuten in Salzwasser kochen. Kartoffeln pellen und mit einer Gabel oder einem Kartoffelstampfer zerdrücken. Die Haselnüsse mit etwas Butter in der Pfanne rösten, danach in einem Mörser zerstoßen. Nussöl, Haselnüsse, Fleur de Sel und frisch gemahlenen Pfeffer untermischen.

Bouillonwürfel auf kleiner Flamme in 300 ml Wasser auflösen und Nori etwa 4 Minuten darin ziehen lassen. Die restliche, in kleine Stücke geschnittene Butter mit dem Schneebesen unterrühren, die Sauce aufmontieren und abschmecken.

Seezungenfilets 8 Minuten im Wasserdampf garen und anschließend 6 Minuten ruhen lassen. Die Kartoffeln auf die Teller aufteilen, jeweils eine Seezungenroulade darauf legen und mit der Sauce und einigen zerstoßenen Haselnüssen garnieren.

nori

Tipp Wollen Sie das Gericht noch verfeinern, wählen Sie statt Roseval-Kartoffeln, die auffällig lila gefärbten Violettes Noirs* (auch Trüffel-Kartoffeln genannt).

Wein Ein Chablis Grand Cru oder ein Meursault.

Gebratene Meerbarben
mit Liebstöckel, Norisauce und Dulse

Für vier Personen
Zubereitung: 25 Min.
Entsalzen: 20 Min.
Kochzeit: 15 Min.

15 g	Nori
15 g	Dulse
4	Meerbarben mit einem Gewicht von jeweils 280 g bis 300 g
1	Würfel Gemüsebouillon
100 g	kalte Butter
3 EL	Olivenöl
8	Liebstöckelblätter
	feines Salz und Fleur de Sel de Guérande*
	frisch gemahlener Pfeffer
	Chilipulver oder Piment d'Espelette*

Nori und Dulse 15 bis 20 Minuten in kaltes Wasser legen, sorgfältig abspülen und fein hacken.

Meerbarben am Rücken zur Entfernung des Rückengräte so aufschneiden, dass dabei der Schwanz nicht beschädigt wird. Die Köpfe abschneiden und mit einer Pinzette die kleinen Gräten entfernen.

Die Fische mit einem Teil der Algen und 4 klein gehackten Liebstöckelblättern füllen. Die Filets mit Salz und Pfeffer einreiben und in Olivenöl von beiden Seiten je 4 Minuten anbraten.

Auf kleiner Flamme den Würfel Gemüsebouillon in 300 ml Wasser auflösen. Die fein gehackten Algen 4 Minuten darin ziehen lassen. Die kalte, in kleine Würfel geschnittene Butter hinzugeben, mit einem Schneebesen aufschlagen und die Sauce mit Salz und Pfeffer abschmecken.

Meerbarben auf die Teller legen und mit den restlichen, klein gehackten Algen und Liebstöckelblättern bestreuen. Die Sauce um den Fisch garnieren und etwas Fleur de Sel und Chilipulver darüber streuen.

Tipp Der nicht immer erhältliche Liebstöckel lässt sich auch durch junge, grüne Sellerieblätter ersetzen.

Wein Ein Chablis oder ein Chardonnay.

dulse

Sardinenfilets mit Zwiebeln und Wakame in Curry

Für vier Personen
Zubereitung: 35 Min.
Entsalzen: 20 Min.
Kochzeit: 15 Min.

120 g	Wakame
16	Sardinen
1	Zwiebel
1 EL	Sherryessig
200 ml	Kokosmilch
4 EL	Olivenöl
½ TL	Currypulver
1	Bund Koriander
	feines Salz und Fleur de Sel de Guérande*
	frisch gemahlener Pfeffer

Wakame 15 bis 20 Minuten in kaltes Wasser legen, sorgfältig abspülen und in feine Streifen schneiden. Die Sardinen ausnehmen und filetieren. Mit einer Pinzette die kleinen Gräten entfernen.

Zwiebel schälen und fein hacken. In einer Kasserolle die fein gehackte Zwiebel mit dem Currypulver in 2 Esslöffeln Olivenöl 3 Minuten andünsten. Mit dem Sherryessig ablöschen, Kokosmilch zugießen, würzen und 6 Minuten einkochen lassen. Anschließend den gehackten Koriander darüber streuen.

Den Backofen auf 220 °C (Gas Stufe 4–5) vorheizen. Die Sardinenfilets mit Salz und Pfeffer einreiben, in eine Backform legen, mit 2 Esslöffeln Olivenöl beträufeln und die Sauce darüber gießen. 4 bis 6 Minuten im Backofen garen.

Die Sardinenfilets mit der Sauce auf Tellern anrichten und mit ein wenig Wakame bestreuen.

Tipp Kokosmilch ist in Fachgeschäfte für asiatische Lebensmittel problemlos erhältlich. Sie ist in den meisten Supermärkten oder in Naturkostläden bei den asiatischen Lebensmitteln zu finden.

Wein Ein Gewürztraminer oder ein Chinon Rouge.

sardinen

Lachs im Algenmantel
mit Meersalat und Pfefferminze

Für vier Personen
Zubereitung: 25 Min.
Entsalzen: 20 Min.
Kochzeit: 10 Min.

150 g	Kombu royal
20 g	Meersalat
4	Lachsstücke
100 g	junge Spinatblätter
2	Tomaten
8	Pfefferminzblätter
1	Zitrone (Saft)
50 g	Butter
1 EL	Olivenöl
	feines Salz und Fleur de Sel de Guérande*
	frisch gemahlener Pfeffer
	Szechuan-Pfeffer

Kombu royal und Meersalat 15 bis 20 Minuten in kaltes Wasser legen und sorgfältig abspülen. Die Lachsstücke von beiden Seiten mit Salz und Pfeffer einreiben.

Spinat kurz in der Butter schwenken und zusammenfallen lassen. Kombu passend zur Größe der Fischstücke zurecht schneiden und jeweils mit dem Lachs, etwas Spinat, Tomatenscheiben und 2 Pfefferminzblättern belegen. Mit einigen Szechuan-Pfefferkörnern und kleinen Stücken Meersalat bestreuen, den Lachs vollständig in Kombu einwickeln und mit Küchengarn zubinden.

Die Lachswickel in einer heißen Pfanne mit Butter und etwas Olivenöl von beiden Seiten je 4 Minuten braten und dabei immer wieder mit ihrem eigenen Saft begießen.

Vom Herd nehmen, mit etwas Zitronensaft beträufeln und mit Küchenpapier trocknen. Das Garn aufschneiden, den Lachs in seinem Mantel auf die Teller verteilen und sofort servieren.

Tipp Verwenden Sie statt der Minze das aromatische thailändische Basilikum (erhältlich in Asia-Läden).

Wein Ein weißer trockener Anjou

meersalat

Kalter pochierter Lachs
mit Lachstatar, Dulse und Guineapfeffer

Für vier Personen
Zubereitung: 35 Min.
Entsalzen: 20 Min.
Kochzeit: 10 Min.

20 g	Dulse
6	Lachsstücke mit Haut und einem Gewicht von jeweils 180 g
1	Bund Schnittlauch
½ l	Court-bouillon mit Algen (Rezept S. 164)
1	Zitrone (Saft)
50 ml	Sahne
3 EL	Olivenöl
	feines Salz und Fleur de Sel de Guérande*
	frisch gemahlener Pfeffer
	Guineapfeffer (Paradieskörner)*

Dulse 15 bis 20 Minuten in kaltes Wasser legen, sorgfältig abspülen und in kleine Stücke schneiden.

Vier Lachsstücke mit Salz und Pfeffer würzen und in einen breiten Topf in die köchelnde Court-bouillon geben. Den Topf vom Herd nehmen, den Fisch 8 Minuten im Sud ziehen lassen und mit einem Schaumlöffel herausheben. Nach dem Abkühlen die Haut des Lachses abziehen.

Die zwei restlichen Lachsstücke roh belassen und in kleine Würfel schneiden. Dieses Lachstatar salzen und pfeffern, etwas Olivenöl, Zitronensaft, eine Prise Guineapfeffer sowie die Dulse untermischen und kühl stellen.

Die Sahne mit einem Schneebesen steif schlagen und mit Salz und Guineapfeffer würzen.

Den pochierten Lachs auf die Teller legen und darauf das Tatar verteilen. Jeweils mit einem Löffel Schlagsahne mit Guineapfeffer garnieren und etwas Dulse darüber streuen.

Tipp Reichen Sie dazu je nach Saison grünen Spargel oder einen grünen Salat.

Wein Ein Bourgogne Aligoté oder ein trockener, weißer Anjou.

guineapfeffer

Thunfischscheiben
mit gegrilltem Mais und Limetten-Dulse

Für vier Personen
Zubereitung: 30 Min.
Entsalzen und Marinieren: 40 Min.
Kochzeit: 20 Min.

100 g	Kombu royal
25 g	Dulse
4	Thunfischscheiben
12	Mini-Maiskolben
2	Schalotten
1	Limette, unbehandelt
3 EL	Kokosmilch (Dose)
250 ml	Sahne
15 g	Butter
5 EL	Olivenöl
½ TL	Poudre de Colombo*
	feines Salz und Fleur de Sel de Guérande*
	frisch gemahlener Pfeffer

Kombu royal und Dulse 15 bis 20 Minuten in kaltes Wasser legen und sorgfältig abspülen. Dulse 15 bis 20 Minuten im Saft und der Schale der Limette marinieren.

Thunfischscheiben mit Salz, Pfeffer und etwas Colombo-Gewürzmischung einreiben. Jede Scheibe in Kombu einwickeln und mit Küchengarn zubinden.

Die kleinen Maiskolben im Backofen grillen und anschließend 8 Minuten in Salzwasser kochen lassen. Mit einem Schaumlöffel herausheben und abtropfen lassen.

Die geschälten und fein gehackten Schalotten in einer Kasserolle mit etwas Butter dünsten. Zwei Messerspitzen Colombo-Gewürzmischung, die Kokosmilch und die Sahne zufügen und 8 Minuten köcheln lassen. Abschmecken und durch ein Spitzsieb streichen.

In einer heißen Pfanne den Thunfisch mit etwas Olivenöl von beiden Seiten je 4 Minuten anbraten.

Dulse und Mini-Maiskolben in die Tellermitte geben und darauf die aufgeschnittenen Thunfischpäckchen legen. Mit der Sauce garnieren.

Tipp Ziehen Sie den roten Thunfisch dem weißen vor und bitten Sie Ihren Fischhändler um die besonders zarten Bauchstücke.

Wein Ein Pessac-Léognan.

dulse

Geräucherte Forelle
mit Meersalat

Für vier Personen
Zubereitung: 40 Min.
Entsalzen: 20 Min.
Kochzeit: 20 Min.

25 g	Meersalat
12	geräucherte Forellenfilets
400 g	kleine Kartoffeln
200 ml	Sahne
1 EL	Kapern
½ TL	Algenflocken
2 EL	Olivenöl
	feines Salz und Fleur de Sel de Guérande*
	frisch gemahlener Pfeffer

Meersalat 15 bis 20 Minuten in kaltes Wasser legen und dann sorgfältig abspülen. Kartoffeln mit Schale etwa 20 Minuten in Salzwasser kochen und anschließend pellen.

Jeweils ein geräuchertes Forellenfilet, Meersalat, ein geräuchertes Forellenfilet, noch einmal Meersalat und abschließend ein geräuchertes Forellenfilet übereinander legen. Einrollen und in ca. 3 cm breite Stücke schneiden – es sollten pro Person 5 Stücke sein. Etwas salzen, pfeffern und mit Olivenöl beträufeln.

Die Sahne erhitzen und ein wenig einkochen lassen. Die Algenflocken und die Kapern hineingeben, mit Salz und Pfeffer würzen und dann die Kartoffeln damit vermischen. Die Forellenrouladen im Backofen bei ca. 120 °C (Gas Stufe 1) 3 bis 4 Minuten leicht erwärmen, ohne dass sie kochen.

Die Kartoffeln mit der Sauce in die Tellermitte geben und mit den geräucherten Forellenrouladen umlegen.

Tipp Erhitzen Sie die Forellenrouladen nicht zu stark – sie sollen nur warm werden. Statt der Forelle können Sie auch den fetteren, geräucherten Lachs nehmen.

Wein Ein Monthélie oder ein roter Arbois.

forelle

Steinbutt
auf Selleriepüree mit Meersalat

Für vier Personen
Zubereitung: 50 Min.
Entsalzen: 20 Min.
Kochzeit: 35 Min.

25 g	Meersalat
1	Steinbutt (ca. 2 kg)
½	Sellerieknolle
1	Bund glatte Petersilie
1 l	Milch
150 ml	Sahne
120 g	Butter
1	Bouquet garni*
½ TL	Algenflocken
6	zerstoßene schwarze Pfefferkörner
	feines Salz und Fleur de Sel de Guérande*
	frisch gemahlener Pfeffer

Tipp Das gleiche Rezept lässt sich auch mit dem etwas preisgünstigeren Glattbutt kochen.

Wein Ein Pouilly-Fumé oder ein Champagner.

Meersalat 15 bis 20 Minuten in kaltes Wasser legen, sorgfältig abspülen und in kleine Stücke schneiden.

Steinbutt küchenfertig vorbereiten; das macht auch Ihr Fischhändler gerne für Sie.

Sellerie schälen, in Stücke schneiden und diese mit 150 ml Milch in einen Topf geben. Eventuell mit so viel Wasser auffüllen, dass der Sellerie gerade bedeckt ist, Salz und Pfeffer zufügen und 35 Minuten kochen. Den Sellerie abtropfen lassen, dabei etwas Kochflüssigkeit auffangen.

Meersalat und Petersilie in kochendem Salzwasser blanchieren. Anschließend abschrecken und abtropfen lassen.

Den ausgenommenen Steinbutt im Ganzen in einen großen, flachen Bräter legen. Mit Salz und zerstoßenem schwarzen Pfeffer würzen, die restliche Milch darüber gießen und die Form mit Wasser auffüllen, sodass der Fisch gerade bedeckt ist. Bouquet garni, Algenflocken und etwas Salz in die Kochflüssigkeit geben. Auf kleiner Flamme etwa 25 Minuten köcheln lassen. Den Steinbutt vom Herd nehmen und noch weitere 10 Minuten in seinem Sud ziehen lassen.

Den Sellerie pürieren und anschließend den Meersalat mit der Sahne und etwas Kochflüssigkeit hinzugeben. Erneut pürieren und abschmecken.

In einer Rührschüssel die abgetropfte Petersilie mit etwas heißem Wasser ebenfalls pürieren und abschmecken. Die weiche, fast flüssige Butter hinzugeben, erneut pürieren und die Masse durch ein feines Sieb streichen.

Den Steinbutt aus dem Sud heben und filetieren. Einen Löffel des Selleriepürees in die Tellermitte geben, die Steinbuttfilets darauf verteilen und mit der Petersiliensauce umgießen.

Austern mit Apfelstückchen
in einem Mantel aus Nori und Dulse

Für vier Personen
Zubereitung: 25 Min.
Entsalzen: 20 Min.
Kochzeit: 15 Min.

15 g	Nori
25 g	Dulse
16	Austern Nr. 2 oder
24	Austern Nr. 4
3	Scheiben altbackenes Brot
2	feste, grüne Äpfel
150 ml	Sahne
120 g	Butter
400 g	grobes Meersalz
1 EL	Algenflocken
	feines Salz
	frisch gemahlener Pfeffer

Nori und Dulse 15 bis 20 Minuten in kaltes Wasser legen und sorgfältig abspülen. Das grobe Meersalz mit den Algenflocken mischen.

Austern öffnen. Das Fleisch lösen, die Flüssigkeit auffangen und die Schalen beiseite legen. Die Austern kurz im eigenen Saft pochieren, danach abtropfen lassen und den Saft beiseite stellen. Die altbackenen Brotscheiben stark rösten.

Für die Sauce: Den Austernsaft einkochen lassen, die Sahne unterrühren und die Brotscheiben hineinlegen. 8 Minuten kochen lassen, 100 g Butter in kleinen Stücken hinzugeben und mit einem Schneebesen aufschlagen. Mit Pfeffer abschmecken (nicht salzen) und durch ein feines Sieb streichen.

Äpfel schälen und in kleine Würfel schneiden. In einer Kasserolle die Apfelwürfel mit 20 g Butter kurz garen, aber nicht verkochen lassen.

Den Backofen auf 220 °C (Gas Stufe 4–5) vorheizen. Die Austern einzeln vorsichtig in jeweils ein Nori- und ein Dulseblatt einwickeln. Die Austernschalen mit den Apfelwürfeln und etwas klein gehackter Dulse füllen und die eingewickelten Austern darauf legen.

Zwei Minuten im Backofen erwärmen. Die Austern mit der Sauce aus geröstetem Brot begießen und mit Pfeffer bestreuen. Die Austern auf einem Bett aus grobem Salz und Algenflocken servieren.

Tipp Die Austern nur einige Sekunden in ihrem eigenen Saft garen. Sie sollen lediglich lauwarm sein.

Wein Ein Condrieu oder ein Vouvray sec.

Thunfischroulade mit Auberginen, Nori und Meersalat

Für vier Personen
Zubereitung: 30 Min.
Entsalzen: 20 Min.
Kochzeit: 10 Min.

10 g	Nori
10 g	Meersalat
450 g	Thunfischfilet
2	Auberginen (von 15–18 cm Länge)
1	Bund Koriander
4 EL	Olivenöl
	grobkörniger Senf
3 EL	Aceto Balsamico
	feines Salz und Fleur de Sel de Guérande*
	frisch gemahlener Pfeffer

Nori und Meersalat 15 bis 20 Minuten in kaltes Wasser legen und anschließend sorgfältig abspülen.

Auberginen der Länge nach in acht 4 mm dicke Scheiben schneiden. Mit Salz bestreuen und in einem Salatsieb eine Viertelstunde Wasser ziehen lassen. Abtupfen und anschließend in einer Pfanne mit etwas Olivenöl von beiden Seiten goldbraun anbraten. Auf Küchenpapier abtropfen lassen.

Thunfischfilet in 8 feine Scheiben schneiden und jede Scheibe von beiden Seiten mit Salz und Pfeffer einreiben. Den Backofen auf 220 °C (Gas Stufe 4–5) vorheizen. Koriander klein hacken, einige Blätter zurück behalten.

Auf jede Auberginenscheibe ein Blatt Meersalat und eine Scheibe Thunfischfilet legen. Fisch mit etwas Senf bestreichen und mit den klein gehackten Koriander- und Dulseblättern bestreuen. Die belegten Auberginenscheiben einrollen, in eine Auflaufform legen und mit etwas Olivenöl beträufeln. 4 bis 5 Minuten im Backofen backen.

Jeweils zwei Rouladen auf einen Teller legen und Aceto Balsamico und Olivenöl tropfenförmig außen herum geben. Die Rouladen mit etwas Fleur de Sel und Pfeffer bestreuen und mit Korianderblättern garnieren.

Tipp Bereiten Sie die Rouladen im Voraus zu und servieren Sie sie als Teil eines Büfetts.

Wein Ein Lirac rosé oder ein Bordeaux Clairet.

thunfisch

Muschelfrikassee mit Algenbutter

Für vier Personen
Zubereitung: 20 Min.
Entsalzen: 30 Min.
Kochzeit: 10 Min.

20 g	Meeresspaghetti
8	Quahog-Muscheln (Clams)
8	Kammmuscheln
20	raue Venusmuscheln
500 g	Teppichmuscheln
300 g	Samtmuscheln
600 g	Herzmuscheln
500 g	Tellinesmuscheln*
2	Schalotten
1	Stange Staudensellerie
2	Tomaten
150 g	Algenbutter (siehe Tipp)
1	Thymianzweig
1	Lorbeerblatt
	feines Salz und Fleur de Sel de Guérande*
	frisch gemahlener Pfeffer

Meeresspaghetti 15 bis 20 Minuten in kaltes Wasser legen, sorgfältig abspülen und klein schneiden.

Die verschiedenen Muschelsorten getrennt voneinander sorgfältig waschen und eine halbe Stunde in kaltem Wasser und einer Hand voll grobem Salz einlegen. Anschließend abspülen, abtropfen lassen (alle geöffneten Muscheln wegwerfen) und kühl stellen. Die Schalotten klein hacken. Den Sellerie in hauchdünne Scheiben schneiden. Die Tomaten häuten (Tipp S. 22), entkernen und in kleine Würfel schneiden.

In einer Kasserolle die Schalotten mit 80 g Algenbutter, Sellerie, Thymianzweig und Lorbeerblatt andünsten. Danach Tomatenwürfel und Meeresspaghetti hinzugeben.

Zunächst die Quahog-Muscheln und die Kammmuscheln, 3 Minuten später die rauen Venusmuscheln, die Teppichmuscheln und die Samtmuscheln und schließlich weitere 2 Minuten später die restlichen Muscheln zufügen. Lediglich mit etwas Pfeffer würzen.

Die Muscheln in tiefe Teller legen. Den Sud filtern und in einem Topf auf die Hälfte einkochen lassen. Die restliche Algenbutter mit einem Schneebesen unterrühren. Abschmecken, die Muscheln mit der Sauce begießen und sofort servieren.

Tipp Für die Algenbutter: 150 g weiche Butter mit ½ Bund Schnittlauch, ½ Knoblauchzehe und 1 Schalotte (fein gehackt), Salz, Pfeffer, einer Prise Chilipulver, ½ EL grobem Senf (Moutarde de Meaux) und dem Saft einer halben Zitrone gut vermischen. 1 EL Algenflocken unterrühren, abschmecken und kühl aufbewahren.

Wein Ein Sauvignon de Touraine oder ein Jurançon sec.

Gebratene Gambas
in Algenöl mit Chilipulver

Für vier Personen
Zubereitung: 40 Min.
Entsalzen und Marinieren: 2 Std.
Kochzeit: 5 Min.

80 g	Wakame
20	Gambas (Garnelen)
250 g	Shiitake-Pilze
250 g	junge Spinatblätter
1	Knoblauchzehe
4 EL	Algenöl (Rezept S. 175)
2 EL	Olivenöl
	Chilipulver oder Piment d'Espelette*
	feines Salz und Fleur de Sel de Guérande*
	frisch gemahlener Pfeffer

Wakame 15 bis 20 Minuten in kaltes Wasser legen, sorgfältig abspülen und in 1 cm große Stücke schneiden.
Gambas schälen, ohne dabei den Schwanz zu beschädigen, und die Köpfe entfernen. 2 Stunden im Kühlschrank in einer Marinade aus 1 Esslöffel Algenöl und 2 Messerspitzen Chilipulver ruhen lassen.
Shiitake-Pilze in dünne Scheiben schneiden. Spinatblätter waschen und abtropfen lassen. Knoblauch fein hacken.
In einer Kasserolle 2 Esslöffel Algenöl erhitzen, den gehackten Knoblauch anschwitzen und kurz danach die Pilze, Wakame und Spinatblätter zugeben. Mit Salz und Pfeffer würzen und vom Herd nehmen, wenn die Spinatblätter knapp gar sind.
Gambas in einer Pfanne mit Olivenöl anbraten und dabei häufig wenden. Mit Fleur de Sel bestreuen und auf Küchenpapier abtropfen lassen.
Die Spinatmischung in die Tellermitte geben, die Gambas darum herum garnieren und mit etwas Algenöl beträufeln.

Tipp Für das gleiche Rezept lassen sich auch Scampi verwenden.

Wein Ein Riesling Kabinett.

gambas

Austern auf Meersalat
mit Whisky und Gurke

Für vier Personen
Zubereitung: 45 Min.
Entsalzen und Marinieren: 20 Min.
Kochzeit: 20 Min.

30 g	Meersalat
16	Austern Nr. 2 oder
24	Austern Nr. 4
1	Salatgurke
100 ml	Scotch Whisky
50 ml	Sahne
120 g	Butter
1 EL	Algenflocken
400 g	grobes Meersalz
	feines Salz
	frisch gemahlener Pfeffer

Tipp Der Jodgeschmack der Algen und der Geschmack des Whiskys ergänzen sich hervorragend.

Wein Ein Scotch oder ein halbtrockener Montlouis.

Meersalat 15 bis 20 Minuten in kaltes Wasser legen, sorgfältig abspülen, in kleine Stücke schneiden und 8 bis 10 Minuten in kochendes Salzwasser einlegen. Anschließend abtropfen lassen.

Austern öffnen und die Muschelschalen beiseite legen. Das Muschelfleisch eine Viertelstunde im Whisky marinieren. Den Whisky anschließend in eine Kasserolle gießen, die Austern darin einige Sekunden pochieren, herausnehmen und abtropfen lassen. Die Kochflüssigkeit aufbewahren.

Für die Sauce: Die Kochflüssigkeit einkochen und um ein Drittel reduzieren. Die Sahne und die in kleine Stücke geschnittene, kalte Butter hinzufügen und mit einem Schneebesen aufschlagen. Mit Pfeffer würzen, durch ein feines Sieb streichen und anschließend eine Messerspitze Algenflocken untermischen.

Die Gurke schälen, Gurkenfleisch in hauchdünne Streifen (Julienne) schneiden und diese etwa 2 Minuten im Wasserdampf garen, sie sollen noch bissfest sein. In jede Muschelschale etwas Meersalat geben und jeweils eine Auster und etwas von der Gurke darauf legen.

Die Austern 2 Minuten in den heißen Backofen stellen. Anschließend etwas Sauce darüber träufeln und mit frisch gemahlenem Pfeffer bestreuen. Die Muscheln auf einem Bett aus grobem Salz und Algenflocken noch warm servieren.

austern

Miesmuscheln mit Safran und Nori

Für vier Personen
Zubereitung: 20 Min.
Entsalzen: 20 Min.
Kochzeit: 25 Min.

15 g	Nori
2 l	Miesmuscheln
2	Schalotten
1	Zwiebel
1	Stange Staudensellerie
100 ml	trockener Weißwein
80 g	kalte Butter
200 ml	Sahne
	Thymianzweig
	Lorbeerblatt
	Safran
	feines Salz und Fleur de Sel de Guérande*
	frisch gemahlener Pfeffer

Nori 15 bis 20 Minuten in kaltes Wasser legen, sorgfältig abspülen und so klein wie möglich hacken.

Muscheln säubern, waschen und abtropfen lassen. Die geschälten und klein gehackten Schalotten und Zwiebel in einer Kasserolle mit 40 g Butter andünsten. Thymianzweig, Lorbeerblatt und klein gehackten Sellerie zufügen. Mit Pfeffer und einigen Safranfäden oder etwas Safranpulver würzen, den Weißwein zugießen und auf die Hälfte einkochen lassen.

Die Miesmuscheln in den Sud geben und zugedeckt 5 bis 6 Minuten auf großer Flamme kochen lassen. Die Muscheln mit einem Schaumlöffel herausheben, abtropfen lassen (geschlossene Muscheln entfernen) und die Schalen entfernen. Den Sud auf die Hälfte einkochen lassen.

Den Sud durch ein feines Sieb in eine Kasserolle gießen und fein gehackte Nori und Sahne zufügen. 6 Minuten köcheln lassen und mit einer Messerspitze Safran würzen.

Die Sauce mit der restlichen Butter aufmontieren, das Muschelfleisch hineingeben, abschmecken und in tiefen Tellern servieren.

Tipp Falls Sie genug Zeit haben, sollten Sie alle Muscheln aus den Schalen lösen.

Wein Ein Gros-Plant du Pays Nantais.

safran

Jakobsmuscheln
mit Meeresspaghetti

Für vier Personen
Zubereitung: 30 Min.
Entsalzen: 20 Min.
Kochzeit: 15 Min.

100 g	Meeresspaghetti
20	Jakobsmuscheln (Nüsschen)
150 g	Knollenziest (Stachys)
1	Würfel Gemüsebouillon
120 g	Butter
3 EL	Olivenöl
	feines Salz und Fleur de Sel de Guérande*
	frisch gemahlener Pfeffer

Meeresspaghetti 15 bis 20 Minuten in kaltes Wasser legen, sorgfältig abspülen und im Wasserdampf 10 bis 15 Minuten garen.

Jakobsmuscheln auslösen oder ausgelöstes Muschelfleisch verwenden.

Schale des Knollenziest mit grobem Salz in einem Küchenhandtuch abreiben. Knollenziest anschließend 8 Minuten in Salzwasser kochen und abtropfen lassen.

Gemüsebouillonwürfel auf kleiner Flamme in 300 ml Wasser auflösen. Ein paar Meeresspaghetti fein hacken und 5 Minuten in der Bouillon ziehen lassen. Die kalte, in kleine Würfel geschnittene Butter zufügen und mit dem Schneebesen aufschlagen. Die Sauce durch ein Spitzsieb streichen und abschmecken.

Jakobsmuscheln auf Küchenpapier trocknen. 3 Esslöffel Olivenöl in einer Pfanne stark erhitzen und die Jakobsmuscheln darin bei mittlerer Hitze 3 Minuten sautieren.

Tiefe Teller mit einem Bett aus Meeresspaghetti auslegen, jeweils 5 Jakobsmuscheln darauf anrichten und mit dem Knollenziest umrunden. Die Sauce darüber gießen und mit Fleur de Sel und frisch gemahlenem Pfeffer bestreuen.

Tipp Anstelle des Knollenziest Gurkenkugeln oder Pfifferlinge verwenden.

Wein Ein weißer Sancerre oder ein Saint-Péray.

muscheln

Brouillade mit Wakame im Seeigel

Für vier Personen
Zubereitung: 30 Min.
Entsalzen: 20 Min.
Kochzeit: 15 Min.

30 g	Wakame
12	Seeigel (beim Fischhändler vorbestellen)
6	Eier (aus Freilandhaltung)
80 g	Butter
50 ml	Sahne
	frisch gemahlener Pfeffer
	Chilipulver oder Piment d'Espelette*
1 EL	Algenflocken
400 g	grobes Meersalz
	feines Salz und Fleur de Sel de Guérande*

Wakame 15 bis 20 Minuten in kaltes Wasser legen, sorgfältig abspülen und in hauchdünne Streifen schneiden.

Seeigel mit einer Küchenschere deckelförmig öffnen. Die orangefarbenen Zungen mit einem Mokkalöffel vorsichtig lösen, die Schalen und etwas Seeigelsaft beiseite stellen.

In einer Kasserolle im Wasserbad 40 g Butter erhitzen, die Eier hineinschlagen und etwas Seeigelsaft und die Hälfte der Zungen zufügen. Mit einem Holzlöffel so lange rühren bis die Eier anfangen zu stocken. Abschmecken und die restliche Butter mit der Sahne, eine Prise Chilipulver und die Hälfte der Wakame unterrühren.

Die Seeigelschalen 2 Minuten in den warmen Backofen stellen. Anschließend die Eimasse hineinfüllen und mit den Seeigelzungen und der restlichen Wakame garnieren.

Das grobe Salz mit den Algenflocken mischen und auf die Teller verteilen. Die Seeigel darauf setzen und servieren.

Tipp Wählen Sie für dieses Gericht vorzugsweise grüne Seeigel (Oursins d'Erquy*) aus der Bretagne.

Wein Ein halbtrockener Vouvray.

wakame

Marinierte Jakobsmuscheln
mit Kombu und Trüffelöl

Für vier Personen
Zubereitung: 20 Min.
Entsalzen und Marinieren: 50 Min.

100 g	Kombu royal
10 g	Dulse
16	Jakobsmuscheln (Nüsschen)
1 EL	Sherryessig
2 EL	Trüffelsaft
4 EL	Sonnenblumenöl
20 g	frische Trüffel
	feines Salz und Fleur de Sel de Guérande*
	frisch gemahlener Pfeffer

Kombu royal und Dulse 15 bis 20 Minuten in kaltes Wasser legen und anschließend sorgfältig abspülen. Dulse für die Dekoration ganz lassen, Kombu in hauchdünne Streifen schneiden.

In einer Schüssel einen Esslöffel Sherryessig, einen Esslöffel Trüffelsaft und 2 Esslöffel Sonnenblumenöl miteinander verrühren und mit Salz und Pfeffer würzen. Die fein geschnittenen Kombu darin eine halbe Stunde marinieren und kühl stellen.

Jakobsmuscheln auf Küchenpapier trocknen und in drei oder vier feine Scheiben schneiden. Mit Salz und frisch gemahlenem Pfeffer bestreuen und in 2 Esslöffeln Öl und dem restlichen Trüffelsaft marinieren. 10 Minuten kühl stellen.

Kombu mit den Jakobsmuscheln auf den Tellern verteilen. Mit der fein gehobelten Trüffel, Fleur de Sel und frisch gemahlenem Pfeffer bestreuen, mit etwas Marinade umgießen und mit einem großen Dulse-Blatt garnieren.

Tipp Würzen Sie die Jakobsmuscheln mit Guineapfeffer. Er schmeckt pfeffrig, ist aber milder als schwarzer Pfeffer.

Wein Ein Savennières oder ein weißer Hermitage.

trüffel

Kalbskoteletts
mit Kombu und Norisauce

Für vier Personen
Zubereitung: 40 Min.
Entsalzen: 20 Min.
Kochzeit: 20 Min.

60 g	Kombu, z.B. aus der Bretagne
20 g	Nori
2	dicke Kalbskoteletts (je 500–600 g)
12	Frühlingszwiebeln
2 TL	Kalbsfond
60 g	kalte Butter
2 EL	Erdnussöl
	feines Salz und Fleur de Sel de Guérande*
	frisch gemahlener Pfeffer

Bretonische Kombu und Nori 15 bis 20 Minuten in kaltes Wasser legen und anschließend sorgfältig abspülen. Kombu in 8 Stücke à 6 cm schneiden. Nori grob hacken.

Kalbskoteletts einschneiden und mit den vier Kombustücken spicken.

Frühlingszwiebeln schälen, 3 bis 4 Minuten in Salzwasser kochen und abtropfen lassen.

Kalbsfond und 10 g Nori in 200 ml Wasser einrühren und auf kleiner Flamme etwas einkochen lassen. Die Kalbskoteletts von beiden Seiten mit Salz und Pfeffer einreiben und bei hoher Temperatur in 40 g Butter und 2 Esslöffeln Erdnussöl je 4 bis 6 Minuten pro Seite anbraten.

Die Sauce mit 20 g in kleine Würfel geschnittener Butter aufmontieren und abschmecken. Nori auf die Teller verteilen, darauf die Koteletts und die Frühlingszwiebeln anrichten, mit etwas Sauce begießen und sofort servieren.

Tipp Wählen Sie vorzugsweise möglichst dicke Kalbskoteletts von Milchkälbern.

Wein Ein Riesling oder ein Saint-Nicolas-de-Bourgeuil.

kombu

Gebratenes Lammkarree
in Senf-Algen-Kruste

Für vier Personen
Zubereitung: 40 Min.
Entsalzen: 20 Min.
Kochzeit: 20 Min.

40 g	Kombu
2	Lammkarrees mit je 8 Rippen
16	Frühlingszwiebeln
8	rosa Knoblauchzehen
2	Schalotten
1	Bund glatte Petersilie
1	Bund Schnittlauch
2	Thymianzweige
100 ml	Kalbsfond
2 EL	Erdnussöl
70 g	kalte Butter
1 EL	Algenflocken
3 EL	Paniermehl
1 EL	grobkörniger Senf (Moutarde de Meaux)
	feines Salz und Fleur de Sel de Guérande
	frisch gemahlener Pfeffer

Tipp Reichen Sie dazu kleine in der Schale gekochte Kartoffeln, beispielsweise »La Ratte«*.

Wein Ein Mercurey oder ein Canon-Fronsac.

Kombu 15 bis 20 Minuten in kaltes Wasser legen, sorgfältig abspülen und in vier gleichgroße Stücke schneiden.

Den Backofen auf 200 °C (Gas Stufe 3–4) vorheizen. Die kleinen Zwiebeln schälen und 2 bis 3 Minuten in kochendem Salzwasser blanchieren.

Lammkarrees mit Salz und Pfeffer würzen und in eine mit Öl ausgepinselte Bratform legen. Die ungeschälten Knoblauchzehen, die Frühlingszwiebeln und die Algen um das Fleisch legen und die Form 14 Minuten in den Backofen stellen. Die Karrees zwischendurch einmal wenden und anschließend noch 10 Minuten bei offener Backofentür ruhen lassen.

Den Kalbsfond aufkochen lassen und 2 Messerspitzen Algenflocken hineingeben. Die Sauce mit 20 g in kleine Würfel geschnittene Butter aufmontieren und abschmecken.

Schalotten schälen und klein hacken. Petersilie, Schnittlauch und Thymianblättchen fein hacken. In einer Pfanne die Schalotten mit der restlichen heißen Butter andünsten. Anschließend das Paniermehl, die Kräuter und die Algenflocken hinzugeben, untermischen und mit Salz und Pfeffer abschmecken.

Lammkarrees mithilfe eines Pinsels mit dem Senf bestreichen und in der Paniermehlmasse wälzen. Für kurze Zeit in den sehr heißen Backofen stellen, damit die Kruste schön goldbraun wird.

Die Karrees zerteilen und die Koteletts auf die Teller legen. Mit den kleinen Zwiebeln, den Knoblauchzehen und der gegrillten Kombu garnieren, etwas Sauce darüber geben und servieren.

Mit Algen gespickte Lammkeule in Salzkruste

Für vier bis sechs Personen
Zubereitung: 30 Min.
Entsalzen: 20 Min.
Kochzeit: 1 Std. 10 Min.

20 g	Kombu
1	Lammkeule (2,2 bis 2,5 kg)
1	Zwiebel
1	Karotte
1	Stange Staudensellerie
1	Bouquet garni*
1,3 kg	Mehl (+ 20 g)
5	Eiweiß
1	Eigelb
100 ml	Kalbsfond
2 EL	Erdnussöl
40 g	kalte Butter
3½ EL	Algenflocken
600 g	grobes Meersalz
	feines Salz und Fleur de Sel de Guérande*
1 EL	zerstoßener schwarzer Pfeffer
	frisch gemahlener Pfeffer

Tipp Garen Sie das Fleisch schon am Vortag und lassen Sie es über Nacht in der Bouillon ziehen, so erhalten Sie einen kräftigeren Geschmack.

Wein Ein Pauillac oder ein Chambolle-Musigny.

Kombu 20 Minuten in kaltes Wasser legen, sorgfältig abspülen und in 12 cm große Stücke schneiden.

Lammkeule entbeinen, mit Salz und Pfeffer würzen und zusammenbinden. 2 Liter Wasser mit der Zwiebel, der Karotte, dem Staudensellerie und dem Bouquet garni aufkochen. 8 Minuten kochen lassen, anschließend die Lammkeule hineingeben und 10 Minuten auf kleiner Flamme darin ziehen lassen. Für 5 Minuten beiseite stellen und in der Bouillon ziehen lassen, anschließend herausnehmen, abtropfen und auskühlen lassen.

Mehl, grobes Salz, 3 Esslöffel Algenflocken, zerstoßenen schwarzen Pfeffer, Eiweiß und eventuell etwas Wasser zu einer Teigmasse vermischen und kühl stellen.

Lammkeule würzen und auf großer Flamme in 20 g Butter und Erdnussöl goldbraun anbraten. Danach abkühlen lassen.

Den Backofen auf 225 °C (Gas Stufe 4–5) vorheizen. Den Salzteig auf einer mit Mehl bestäubten Arbeitsfläche ausstreichen, die Lammkeule darauf legen, mit den Kombublättern bedecken, in die Teigmasse einpacken und mit einem Eigelb bestreichen.

Eine Viertelstunde in den Backofen geben, anschließend die Temperatur auf 200 °C (Gas Stufe 3–4) senken und eine weitere Viertelstunde backen. Die Lammkeule aus dem Backofen holen und eine Viertelstunde in der Salzkruste ruhen lassen.

Von der Bouillon 100 ml einkochen lassen und den Kalbsfond dazugeben. Die Sauce mit 20 g Butter aufmontieren, eine Messerspitze Algenflocken zufügen und abschmecken.

Die Salzkruste aufbrechen, das Lamm tranchieren und mit der Sauce servieren.

Bacon in heißer Vinaigrette
mit Wakame und Kardamom

Für vier Personen
Zubereitung: 30 Min.
Entsalzen: 20 Min.
Kochzeit: 8 Min.

60 g	Wakame
12 od. 16	nicht zu dünne Scheiben trocken gepökelter Schinken (Bacon)
8	kleine Frühlingszwiebeln
300 g	junge Spinatblätter
30 g	Butter
2 EL	Erdnussöl
4 EL	Algenvinaigrette (Rezept S. 175)
4	Kardamomfruchtkapseln (möglichst grüne)
	feines Salz und Fleur de Sel de Guérande*
	frisch gemahlener Pfeffer

Wakame 15 bis 20 Minuten in kaltes Wasser legen, sorgfältig abspülen und in 5 mm kleine Stücke schneiden.

Frühlingszwiebeln schälen und fein hacken. Spinat putzen, waschen und abtropfen lassen. Kardamomfruchtkapseln zerstoßen und die kleinen aromatischen Samen herausholen.

Zwiebeln und zerstoßenen Kardamom kurz in heißer Butter glasig dünsten. Anschließend von der Herdplatte nehmen, Wakame hinzugeben und mit Salz und Pfeffer abschmecken.

Den Schinken in einer heißen Pfanne mit etwas Öl anbräunen. Die Spinatblätter mit der Algenvinaigrette mischen.

Auf jeden Teller in die Mitte einen Löffel Spinat geben und die Schinkenscheiben darauf legen. Mit Wakame und Zwiebeln à la Kardamom und etwas Algenvinaigrette garnieren.

Tipp Wählen Sie frisch geschnittene, ausreichend dicke Schinkenscheiben und braten Sie sie nicht zu stark an.

Wein Ein Anjou-Villages oder ein Côtes-de-Bourg.

wakame

Putenfleisch
mit Algenfrikassee

Für vier Personen
Zubereitung: 30 Min.
Entsalzen und Marinade: 2 Std.
Kochzeit: 20 Min.

15 g	Kombu
20 g	Meersalat
600–800 g	Putenfilet (»Sot-l'y-laisse«* oder entbeinter Oberschenkel)
2	Knoblauchzehen, gehackt
2 EL	Sojasauce
12	Frühlingszwiebeln
250 g	kleine Champignons
1 EL	Sherryessig oder Algenessig (Rezept S. 174)
100 ml	Geflügelfond
50 g	Butter
2 EL	Erdnussöl
	Selleriesalz (Rezept S. 173)
	feines Salz und Fleur de Sel de Guérande*
	frisch gemahlener Pfeffer

Kombu und Meersalat 15 bis 20 Minuten in kaltes Wasser legen und anschließend sorgfältig abspülen. Kombu in hauchdünne Streifen und Meersalat in kleine Stücke schneiden.

Das Putenfleisch im Kühlschrank 2 Stunden in Sojasauce mit gehacktem Knoblauch, Selleriesalz und etwas Pfeffer marinieren.

Frühlingszwiebeln schälen und vierteln. Champignons putzen, waschen und abtropfen lassen. Kombustreifen 6 Minuten in Salzwasser kochen, abschrecken und abtropfen lassen.

Fleisch mit Salz und Pfeffer würzen und auf großer Flamme mit Butter und 2 Esslöffeln Öl goldbraun anbraten (etwa 8 Minuten). Zwiebeln, Pilze und Algen hinzugeben. Mit dem Sherryessig ablöschen und einkochen lassen. Den Geflügelfond hinzugeben, etwas einkochen lassen, abschmecken und sofort servieren.

Tipp Sie finden Putenrückenfilets fertig abgepackt in den Kühlregalen von Supermärkten (es ist das Stück zwischen Oberschenkel und Karkasse). Ansonsten lässt sich dieses Rezept auch aus in Würfel geschnittenem Putenfleisch zubereiten.

Wein Ein Saint-Amour oder ein Morey-Saint-Denis.

kombu

Flugentenfilets
mit Kombu à l'Orange

Für vier Personen
Zubereitung: 40 Min.
Entsalzen und Marinade: 24 Std.
Kochzeit: 2 Std. 15 Min.

60 g	Kombu
4	Flugenten oder Stockenten, küchenfertig
je 1	Karotte und Zwiebel
2	Knoblauchzehen
1	Orange, unbehandelt
1	Bouquet garni*
2	Schalotten
750 ml	Rotwein (Côtes-du-Rhône; Rebenart Syrah)
100 ml	Madeira
300 ml	Kalbsfond
15	Koriandersamen
2 EL	Tomatenmark
60 g	kalte Butter
3 EL	Erdnussöl
	feines Salz und Fleur de Sel de Guérande*
	frisch gemahlener Pfeffer

Tipp Nehmen Sie Stockenten und braten Sie diese nicht ganz durch, damit das Fleisch zart bleibt.

Wein Ein Pomerol oder ein Nuits-Saint-Georges.

Am Vortag Kombu 20 Minuten in kaltes Wasser legen, sorgfältig abspülen und in Dreiecke schneiden. 15 Minuten in kochendes Wasser einlegen, danach abschrecken und abtropfen lassen.

Die Entenfilets nicht vom Körper lösen, zusammen mit Schenkeln und Karkassen 24 Stunden im Wein mit der Karotte, der Zwiebel, den geschälten Knoblauchzehen, dem Bouquet garni und dem Koriander marinieren.

Am nächsten Tag das Fleisch aus der Marinade nehmen und abtropfen lassen. In einem Bräter die Karkassen mit den Schenkeln 10 Minuten in 1 Esslöffel Öl goldbraun braten. Den Bräter etwas auswischen und das Gemüse aus der Marinade einige Minuten darin dünsten. Anschließend das Fleisch wieder dazu legen und mit dem Rotwein und 300 ml Wasser aufgießen. Tomatenmark, Salz und Pfeffer zufügen und 1½ Stunden garen. Das Fleisch herausheben und die Sauce durch ein feines Sieb streichen.

Die fein gehackten Schalotten in 20 g Butter andünsten. Mit dem Madeira ablöschen und diesen etwas einkochen lassen. Die in Streifen geschnittene Schale, den Saft der Orange und die Bratensauce zugeben und alles auf die Hälfte reduzieren. Den Kalbsfond dazugießen und eine weitere halbe Stunde köcheln lassen. Abschmecken und die Sauce durch ein Sieb streichen. Kombu in die Sauce legen und mit der restlichen Butter aufmontieren.

In einer heißen Pfanne die ganzen, mit Salz und Pfeffer gewürzten Entenbrüste mit Brustbein und Rippen in etwas Öl 10 Minuten braten und anschließend noch 8 Minuten in der Pfanne ruhen lassen. Die Ente filetieren, die Filets auf die Teller verteilen, mit Kombu garnieren, etwas Sauce darüber gießen und mit Fleur de Sel und Pfeffer bestreuen.

Hühnerfilet
mit Mandeln und Algen paniert

Für 4 Personen
Zubereitung: 25 Min.
Entsalzen: 20 Min.
Kochzeit: 15 Min.

60 g	Dulse
4	Hühnerbrustfilets mit Haut
50 g	Mehl
½ EL	Algenflocken
1	Ei
80 g	Mandelblätter
100 ml	Geflügelfond
70 g	Butter
2 EL	Erdnussöl
1	Bund Schnittlauch
½ TL	zerstoßener Piment (Jamaika-Pfeffer)
	feines Salz und Fleur de Sel de Guérande*
	frisch gemahlener Pfeffer

Dulse 15 bis 20 Minuten in kaltes Wasser legen und sorgfältig abspülen. Ei mit einer Gabel aufschlagen und mit Salz und Pfeffer würzen.

Hühnerbrustfilets von beiden Seiten mit Salz und Pfeffer einreiben. Das Mehl mit den Algenflocken mischen und das Fleisch darin wälzen. Das überschüssige Mehl abklopfen, die Filets im Ei wenden und zum Schluss in den Mandelblättern wälzen.

Dulse im Wasserdampf 6 bis 8 Minuten garen.

In einer Kasserolle den Geflügelfond mit dem zerstoßenen Piment und einer Messerspitze Algenflocken etwas einkochen lassen. Die Sauce mit 30 g Butter aufmontieren, abschmecken und den fein geschnittenen Schnittlauch hineingeben.

Die panierten Hühnerbrustfilets in 40 g Butter und etwas Öl vorsichtig je 5 Minuten von beiden Seiten anbräunen. Vor dem Servieren 8 bis 10 Minuten ruhen lassen.

Dulse jeweils in der Tellermitte arrangieren und darauf jeweils ein Hühnerbrustfilet legen. Mit der Sauce übergießen und mit etwas Fleur de Sel bestreuen.

Tipp Hier eignen sich besonders die großen Hühnerbrustfilets von Freilandhühnern.

Wein Ein Gigondas oder ein Dôle.

dulse

Gebratenes Schweinefilet mit Kombu royal

Für vier Personen
Zubereitung: 30 Min.
Entsalzen: 20 Min.
Kochzeit: 20 Min.

30 g	Kombu royal
30 g	Wakame
2	Schweinefilets (Lende)
4	grüne Tomaten oder
4	Patissons
1	Zwiebel
1 TL	Honig
2 EL	Sherryessig
100 ml	Kalbsfond
70 g	Butter
2 EL	Erdnussöl
1 Msp.	Algenflocken
	Muskatblüte
	feines Salz und Fleur de Sel de Guérande*
	frisch gemahlener Pfeffer

Kombu royal und Wakame je 15 bis 20 Minuten in kaltes Wasser legen und anschließend sorgfältig abspülen. Kombu in 4 Stücke von 12 cm Länge, Wakame in kleine Stücke schneiden.

Die Schweinefilets in Kombu einwickeln und mit Küchengarn zusammenbinden. Jedes Filet in vier dicke Stücke schneiden (2 pro Person).

Kalbsfond mit einer Messerspitze Algenflocken etwas einkochen lassen und mit Salz und Pfeffer würzen. Ein kleines Stück Muskatblüte hineingeben und darin ziehen lassen. Schließlich die Sauce mit 20 g Butter aufschlagen.

Für die grünen Tomaten bzw. Patissons mit Muskatblüte: In einer Kasserolle die geschälte und klein gehackte Zwiebel mit 20 g Butter andünsten. Dann die in Stücke geschnittenen grünen Tomaten oder kleine Patissons und etwas zerstoßene Muskatblüte und den Honig zufügen. 5 Minuten köcheln lassen und mit dem Sherryessig ablöschen. Wakame, Salz und Pfeffer unterrühren und weitere 6 bis 8 Minuten sanft köcheln lassen.

In einer heißen Pfanne mit 30 g Butter und 2 Esslöffeln Erdnussöl die Filetstücke von allen Seiten goldbraun braten. Das Fleisch auf die Teller verteilen, die grünen Tomaten mit dem Wakame und der Muskatblüte um die Filetstücke garnieren, etwas Sauce darüber gießen und servieren.

Tipp Muskatblüte (Macis) ist der dünne orangerote, netzartige Samenmantel der Muskatnuss. Sie schmeckt etwas feiner und nicht so scharf-brennend wie die Muskatnuss.

Wein Ein Côtes-du-Ventoux oder ein Chautagne-Mondeuse.

Wachteln im Kombumantel
mit frittierten Meeresspaghetti

Für vier Personen
Zubereitung: 40 Min.
Entsalzen: 20 Min.
Kochzeit: 12 Min.

60 g	Kombu royal
50 g	Meeresspaghetti
4	Wachteln, küchenfertig vorbereitet
1	Kopf Wirsing
150 ml	Kalbsfond
80 g	Butter
2 EL	Erdnussöl
500 ml	Traubenkernöl
	feines Salz und Fleur de Sel de Guérande*
	frisch gemahlener Pfeffer

Kombu royal und Meeresspaghetti 15 bis 20 Minuten in kaltes Wasser legen und anschließend sorgfältig abspülen. Kombu in 4 Stücke von 16 cm Länge schneiden und die Meeresspaghetti zum Abtropfen auf Küchenpapier legen.

Die acht schönsten Wirsingblätter 3 bis 4 Minuten in Salzwasser kochen, abschrecken und abtropfen lassen. Die Wachteln mit Salz und Pfeffer einreiben, in die Kombublätter wickeln und mit Küchengarn zusammenbinden.

Den Backofen auf 200 °C (Gas Stufe 3–4) vorheizen. In einer sehr heißen Pfanne die Wachteln von allen Seiten in 20 g Butter und etwas Erdnussöl anbraten. Wachteln aus der Pfanne nehmen, Küchengarn lösen und die Wachteln mit den Wirsingblättern umhüllen. Die Wachteln mit 40 g Butter in eine Auflaufform legen und 7 Minuten im Backofen backen.

Meeresspaghetti in sehr heißem Traubenkernöl frittieren und anschließend auf Küchenpapier abtropfen lassen.

Den Kalbsfond mit 20 g in kleine Würfel geschnittener, kalter Butter aufmontieren und abschmecken. Die Meeresspaghetti als Bett auf die Teller verteilen, die Wachteln in die Mitte geben und mit der Sauce nappieren. Heiß servieren.

Tipp Beim Anbraten der Wachteln aufpassen, dass die Kombublätter nicht anbrennen.

Wein Ein weicher Côtes-de-Duras oder ein Gamay de Touraine.

wachteln

Gebratene Kaninchenkeulen
mit einer Kräuter-Algen-Panade

Für vier Personen
Zubereitung: 35 Min.
Entsalzen: 20 Min.
Kochzeit: 25 Min.

60 g	Kombu
8	Kaninchenkeulen
2	Schalotten
2	Knoblauchzehen
1	Bund glatte Petersilie
1	Bund Schnittlauch
1	Estragonzweig
1	Thymianzweig
1	Rosmarinzweig
1 EL	Algenflocken
200 ml	Kalbsfond
60 g	Butter
2 EL	Erdnussöl
2 EL	grobkörniger Senf (Moutarde de Meaux)
	feines Salz und Fleur de Sel de Guérande*
	frisch gemahlener Pfeffer

Kombu 15 bis 20 Minuten in kaltes Wasser legen, sorgfältig abspülen und in 24 Stücke von je 4 cm Länge schneiden.

Die Kaninchenkeulen einschneiden und jeweils mit 3 Kombustücken spicken.

Schalotten und Knoblauch schälen und klein hacken. Alle Kräuter sehr fein hacken. Kräuter, Algenflocken, Schalotten und Knoblauch miteinander vermischen.

In den Kalbsfond eine Messerspitze Algenflocken geben und etwas einkochen lassen. Mit 20 g Butter aufschlagen, abschmecken und 1 Esslöffel Senf unterrühren.

Den Backofen auf 200 °C (Gas Stufe 3–4) vorheizen. Die Kaninchenkeulen würzen und auf kleiner Flamme in 40 g Butter und 2 Esslöffeln Öl von beiden Seiten je 6 bis 8 Minuten anbraten.

Die Kaninchenkeulen mithilfe eines Pinsels mit dem restlichen Senf bestreichen und in der Kräutermischung wälzen. Auf ein Backblech legen und 6 bis 8 Minuten im Backofen backen. Vor dem Servieren 8 Minuten ruhen lassen. Pro Person zwei Keulen auf Teller legen, etwas Sauce darüber gießen und heiß servieren.

Tipp Reichen Sie dazu frische, selbst gemachte Nudeln oder kleine Kartoffeln.

Wein Ein Côtes-de-Castillon oder ein Patrimonio.

kombu

Karamellisierte Entenbrust
mit Algen und Gewürzen

Für 4 Personen
Zubereitung: 20 Min.
Entsalzen: 20 Min.
Kochzeit: 15 Min.

30 g	Meeresspaghetti
4	kleine Entenbrüste
30 g	kalte Butter
1 EL	Honig
150 ml	Geflügelfond
3 EL	Algenessig (Rezept S. 174)
½ TL	Algenflocken
½ TL	Fünf-Gewürze-Pulver
½ TL	Szechuan-Pfeffer
	feines Salz und Fleur de Sel de Guérande*
	frisch gemahlener Pfeffer

Meeresspaghetti 15 bis 20 Minuten in kaltes Wasser legen, sorgfältig abspülen und 10 Minuten im Wasserdampf garen.
Das Fett von den Entenbrüsten etwas abschneiden und die Haut der einzelnen Stücke kreuzweise einschneiden. Von beiden Seiten mit Salz, Pfeffer, 2 Messerspitzen Gewürzmischung und dem zerstoßenen Szechuan-Pfeffer einreiben.
Die Entenbrüste mit der Hautseite nach unten in einer Pfanne vorsichtig 6 bis 8 Minuten anbräunen. Die Pfanne leicht auswischen, den Honig hineingeben und ein wenig einkochen lassen, bis die Entenbrüste damit umhüllt sind. Mit Algenflocken bestreuen und warm stellen.
Den verbleibenden Honig in der Pfanne mit dem Essig ablöschen und einige Minuten köcheln lassen. Anschließend den Geflügelfond dazu gießen, etwas einkochen lassen und die Sauce mit der Butter aufmontieren, abschmecken und durch ein feines Sieb streichen.
Auf einem Küchenbrett die Entenbrüste aufschneiden und auf Teller legen. Die Meeresspaghetti als Kranz darum garnieren und mit der Sauce übergießen. Mit etwas frisch gemahlenem Pfeffer und Fleur de Sel bestreuen.

Tipp Die Filets der französischen Barbarie-Enten (Canards de Barbarie) sind nicht so fett.

Wein Ein Maury oder ein Châteauneuf-du-Pape.

Gebratene Täubchen
mit Wakame und Ingwer-Chicorée

Für vier Personen
Zubereitung: 45 Min.
Entsalzen: 20 Min.
Kochzeit: 20 Min.

60 g	Wakame
4	Täubchen à 450 g, kochfertig
8	Kolben Chicorée
1	Schalotte
80 g	Butter
2 EL	Erdnussöl
200 ml	Geflügelbouillon
20 g	frischer Ingwer
1	Vanilleschote
1 TL	Zucker
	feines Salz und Fleur de Sel de Guérande*
	frisch gemahlener Pfeffer

Wakame 15 bis 20 Minuten in kaltes Wasser legen, sorgfältig abspülen und in 2 cm große Stücke schneiden.

Chicorée der Länge nach vierteln, 4 Minuten in kochendem Salzwasser blanchieren, abschrecken und abtropfen lassen.

In einer Kasserolle die fein gehackte Schalotte und den geschälten und klein gehackten Ingwer mit etwas Butter andünsten. Die Geflügelbouillon und die in Stücke geschnittene Vanilleschote hinzugeben. Auf kleiner Flamme 10 Minuten einkochen lassen und anschließend mit 20 g Butter aufschlagen. Abschmecken und die Sauce durch ein Sieb streichen.

Die Täubchen mit Salz und Pfeffer einreiben und in einem Bräter mit etwas Öl und der restlichen Butter goldbraun anbraten. Auf kleiner Flamme 10 bis 12 Minuten garen und dabei immer wieder mit ihrem eigenen Saft übergießen. Vor dem Aufschneiden 10 Minuten ruhen lassen, dann zerteilen.

Während die Täubchen ruhen, den Chicorée in einer Pfanne mit 40 g Butter und dem Zucker auf kleiner Flamme glacieren und dabei ab und zu wenden. Mit Salz und Pfeffer würzen und etwas geriebenen Ingwer und die Wakame hinzugeben.

Die Beilage in die Tellermitte geben und die Täubchen darum herum legen und mit etwas Sauce übergießen.

Tipp Wählen Sie vorzugsweise junge Masttauben, deren Fleisch besonders zart ist.

Wein Ein roter Menetou-Salon oder ein Chénas.

Perlhuhn im Schmortopf
mit einer Reis-Kombu-Farce

Für vier Personen
Zubereitung: 40 Minuten
Entsalzen: 20 Minuten
Kochzeit: ca. 1 Std.

35 g	Kombu royal
2	Perlhühner
80 g	Reis
1	Zwiebel
9	Knoblauchzehen
8	Schalotten
300 g	Mehl
1	Ei
2 EL	Algenflocken
1	Lorbeerblatt
1	Thymianzweig
80 g	Butter
3 EL	Erdnussöl
4 EL	Madeira
100 ml	Geflügelbouillon
	feines Salz und Fleur de Sel de Guérande*
	frisch gemahlener Pfeffer

Wein Ein Cahors oder ein Morgon.

Kombu royal 15 bis 20 Minuten in kaltes Wasser legen, sorgfältig abspülen und in 4 Stücke von je 12 cm Länge schneiden.

Den Backofen auf 200 °C (Gas Stufe 3–4) vorheizen. In einem Bräter die geschälte und klein gehackte Zwiebel und den Reis in 1 Esslöffel Öl andünsten. Mit etwa 120 ml Wasser ablöschen. 4 Messerspitzen Algenflocken, das Lorbeerblatt und den Thymianzweig, Salz und Pfeffer zufügen, abdecken und 15 Minuten in den Backofen stellen.

Perlhühner mit Salz und Pfeffer einreiben. Die Leber und die Herzen der Perlhühner klein schneiden und unter den Reis mischen. Die Perlhühner mit dieser Mischung füllen und mit Küchengarn zubinden.

Für den Teig: Mehl, eine Prise Salz, einen Teelöffel Algenflocken, ein Ei und 125 ml Wasser miteinander vermischen, durchkneten, den Teig zu einer Kugel formen und beiseite stellen.

In einer heißen Pfanne die Perlhühner mit 40 g Butter und 2 Esslöffeln Öl jeweils 4 Minuten von jeder Seite anbraten. Den Backofen auf 225 °C (Gas Stufe 4–5) vorheizen.

Die Perlhühner mit der Kombu bedecken und in einen Schmortopf legen. Die ungeschälten Knoblauchzehen und die halbierten Schalotten, 40 g Butter, Madeira und Bouillon zufügen. Den Schmortopf zudecken und den Deckel mit dem Teig hermetisch abdichten.

Zwanzig Minuten im Backofen backen und anschließend die Temperatur auf 200 °(Gas Stufe 3–4) senken. Weitere 20 Minuten backen und anschließend weitere 20 Minuten im geschlossenen Schmortopf ruhen lassen. Die Perlhühner erst im Moment des Servierens tranchieren.

Fasan mit Algen im Schmortopf

Für vier Personen
Zubereitung: 40 Min.
Entsalzen: 20 Min.
Kochzeit: 50 Min.

60 g	Kombu
20 g	Nori
2	Fasane, küchenfertig
12	kleine Frühlingszwiebeln
4	Birnen
2 EL	Madeira
2 EL	Portwein
150 ml	Geflügelbouillon
300 g	Mehl
1	Ei
1 EL	Algenflocken
110 g	Butter
2 EL	Erdnussöl
½ EL	Piment
	feines Salz und Fleur de Sel de Guérande*
	frisch gemahlener Pfeffer

Kombu und Nori 15 bis 20 Minuten in kaltes Wasser legen und anschließend sorgfältig abspülen. Kombu in 8 Stücke à 6 cm schneiden, Nori grob hacken.

Zwiebeln schälen und 3 bis 4 Minuten in kochendem Salzwasser blanchieren. Die Birnen schälen und vierteln und in einer heißen Pfanne mit 30 g Butter leicht bräunen. Pfeffer und zerstoßenen Piment hinzugeben, mit Madeira und Portwein ablöschen und ganz einkochen lassen. Anschließend mit Hühnerbouillon aufgießen, mit Salz und Pfeffer würzen und gehackte Nori darüber streuen.

Für den Algenteig: Mehl, ein Ei, eine Prise Salz, einen Esslöffel Algenflocken und 125 ml Wasser miteinander vermischen, durchkneten und den Teig zu einer Kugel formen.

Die Fasane mit Salz und Pfeffer einreiben und auf großer Flamme im erhitzten Öl und 40 g Butter von allen Seiten (je 4 Minuten) anbraten.

Den Backofen auf 225 °C (Gas Stufe 4–5) vorheizen. Die Fasane mit der Kombu bedecken und zusammen mit 40 g Butter, den Frühlingszwiebeln, den Birnen im eigenen Saft und der Nori in einen Schmortopf geben. Den Topf zudecken und den Deckel mit dem Teig hermetisch abdichten.

Den Topf 18 Minuten in den Backofen stellen, danach die Temperatur auf 200 °C (Gas Stufe 3–4) senken und weitere 10 Minuten schmoren. Den Topf aus dem Backofen holen und den Inhalt weitere 20 Minuten darin ziehen lassen. Kurz vor dem Servieren die Fasane auf einem Küchenbrett tranchieren.

Tipp Bei dieser Art der Zubereitung bleibt der Fasan wunderbar zart.

Wein Ein Morey-Saint-Denis oder ein Pomerol.

Fasan, in Sauternes pochiert, mit Dulse und Wildpilzen

Für vier Personen
Zubereitung: 40 Min.
Entsalzen: 20 Min.
Kochzeit: 15 Min.

25 g	Dulse
2	Fasane, küchenfertig
1	Karotte
1	Zwiebel
1	Stange Staudensellerie
1	Bouquet garni*
1	Schalotte
350 g	Totentrompeten oder Pfifferlinge
750 ml	Sauternes (franz. Süßwein)
200 ml	Schmant
50 g	Butter
½ TL	Algenflocken
	feines Salz und Fleur de Sel de Guérande*
	frisch gemahlener Pfeffer

Tipp Mögen Sie die Sauce nicht so süß, dann wählen Sie statt des Sauternes einen nicht zu trockenen Weißwein.

Wein Ein Savennière oder ein Moulin-à-Vent.

Dulse 15 bis 20 Minuten in kaltes Wasser legen, sorgfältig abspülen und klein schneiden. Schenkel und Brustfilets der Fasane mit Haut herauslösen. Karotte, Zwiebel und Staudensellerie schälen und würfeln.

Für die Bouillon: Die Karkassen, Flügel und Hälse der Fasane mit dem Sauternes in einen Kochtopf geben. Karotte, Zwiebel, Sellerie, Bouquet garni und 3 Messerspitzen Algenflocken hinzugeben und so viel Wasser aufgießen, dass das Fleisch gerade bedeckt ist. Mit grobem Salz und Pfeffer würzen, 20 Minuten kochen lassen und die Bouillon durch ein Sieb streichen.

Bruststücke und Schenkel der Fasane mit Salz und Pfeffer einreiben. Die Schenkel 10 Minuten in der Bouillon pochieren, dann die Filets dazugeben und weitere 6 Minuten auf kleiner Flamme köcheln lassen. Den Topf vom Herd nehmen, die Fasanteile noch 5 Minuten in der Bouillon ziehen lassen und anschließend mit dem Schaumlöffel herausheben.

Die Pilze putzen, waschen und abtropfen lassen. Mit der geschälten und fein gehackten Schalotte in 30 g Butter andünsten, die Dulse hinzugeben und mit Salz und Pfeffer abschmecken.

Von der Bouillon 500 ml auf die Hälfte einkochen lassen, Schmant einrühren und auf kleiner Flamme 8 Minuten köcheln lassen. Mit 20 g in kleine Würfel geschnittener, kalter Butter aufmontieren und abschmecken.

Auf die Teller je ein Brustfilet und einen Schenkel legen, dazu einen Löffel Pilze mit Dulse setzen, mit der Sauternes-Sauce umrunden und mit kleinen Dulsestückchen garnieren.

Gebratenes Huhn
in Algensalzkruste

Für vier Personen
Zubereitung: 30 Min.
Entsalzen: 20 Min.
Kochzeit: 1 Std 40 Min.

20 g	Kombu
1	Freilandhuhn oder Poularde mit Innereien (2,5 kg–2,8 kg)
1	Karotte
1	Zwiebel
1	Stange Staudensellerie
1	Bouquet garni*
4 EL	Algenflocken
1,3 kg	Mehl (+ 20 g)
5	Eiweiß
1	Eigelb
60 g	Butter
2 EL	Erdnussöl
600 g	grobes Meersalz
1	Würfel Geflügelbrühe
	feines Salz und Fleur de Sel de Guérande*
1 EL	zerstoßener schwarzer Pfeffer
	frisch gemahlener Pfeffer

Wein Ein Chablis Premier Cru oder ein Saint-Émilion Grand Cru.

Kombu 20 Minuten in kaltes Wasser legen, sorgfältig abspülen und in zwei 12 cm große Stücke schneiden.

Für die Bouillon: Karotte, Zwiebel, Staudensellerie schälen, in Würfel schneiden. 3 Liter Wasser mit einem Teelöffel Salz, etwas Pfeffer, den Innereien, dem Bouquet garni und 3 Messerspitzen Algenflocken zum Kochen bringen. Gemüse zufügen und 20 Minuten kochen lassen. Anschließend das Huhn 18 Minuten auf kleiner Flamme in der Bouillon sieden lassen.

Für die Algenkruste: Mehl, grobes Salz, 3 EL Algenflocken, zerstoßenen schwarzen Pfeffer, Eiweiß und etwas Wasser miteinander verrühren und zu einem Teig kneten. Die Algenkruste hält noch besser am Huhn, wenn sie bereits am Vortag hergestellt ist,

Das Huhn mit Salz und Pfeffer einreiben und mit 40 g Butter und Erdnussöl auf großer Flamme goldbraun anbraten.

Den Backofen auf 225 °C (Gas Stufe 4–5) vorheizen Die Salzmasse auf einer mit Mehl bestäubten Arbeitsfläche ausstreichen. Das Huhn darauf legen, die Brustseite mit den beiden Algenstücken bedecken und das ganze Huhn mit der Salzmasse umhüllen. Mit Eigelb bestreichen und in den heißen Backofen stellen. Nach 20 Minuten die Temperatur auf 200 °C (Gas Stufe 4) reduzieren und weitere 20 Minuten backen. Anschließend das Huhn noch 20 Minuten in seiner Salzkruste ruhen lassen.

Von der Bouillon 300 ml etwas einkochen lassen, und die Hühnerinstantbrühe zufügen. Die Sauce mit 20 g Butter aufschlagen, abschmecken und noch eine Messerspitze Algenflocken hinzugeben. Das Huhn mit seiner Kruste auf einer Platte anrichten und die Sauce getrennt dazu reichen.

Grüner Spargel
mit Kombu royal

Für vier Personen
Zubereitung: 30 Min.
Entsalzen: 20 Min.
Kochzeit: 10 Min.

60 g	Kombu royal
2	Bund grüner Spargel
50 ml	Sahne
180 g	Butter
2 Msp.	Algenflocken
½	Bund Kerbel
	feines Salz und Fleur de Sel de Guérande*
	frisch gemahlener Pfeffer

Kombu royal 15 bis 20 Minuten in kaltes Wasser legen, sorgfältig abspülen und in 6 cm große Stücke schneiden. In kochendem Salzwasser etwa 10 Minuten blanchieren und danach in Eiswasser abschrecken.

Spargel schälen, 6 bis 8 Minuten in kochendem Salzwasser blanchieren und anschließend ebenfalls abschrecken.

Für die Algenbutter: 50 ml von der Kochflüssigkeit des Spargels in eine Kasserolle geben, Sahne hineingießen und auf kleiner Flamme mit der in Würfel geschnittenen, kalten Butter aufmontieren. Mit Salz und Pfeffer abschmecken und die Algenflocken unterrühren.

Jeweils 2–3 Spargel in ein Algenblatt wickeln, im Wasserdampf erneut erhitzen, mit Fleur de Sel und Pfeffer abschmecken und mit dem Kerbel auf den Tellern verteilen. Reichen sie die Algenbutter getrennt dazu.

Tipp Wählen Sie nicht zu dicken und sehr frischen grünen Spargel (er sollte sich wie Glas brechen lassen).

Wein Ein Roussette de Savoie oder ein Tavel.

kombu royal

Weißer Spargel
mit Ei und Algenöl

Für 4 Personen
Zubereitung: 35 Min.
Entsalzen: 20 Min.
Kochzeit: 10 Min.

10 g	Meersalat
2	Bund weißer Spargel
4	Eier
2	Bund Frühlingszwiebeln
½	Bund glatte Petersilie
6 EL	Algenöl (siehe Rezept S.175)
2 EL	Aceto Balsamico
	Muskatnuss
	feines Salz und Fleur de Sel de Guérande*
	frisch gemahlener Pfeffer

Meersalat 15 bis 20 Minuten in kaltes Wasser legen, sorgfältig abspülen und in kleine Stücke schneiden.
Spargel schälen und je nach Größe 6 bis 8 Minuten in kochendes Salzwasser einlegen. Mit einem Schaumlöffel herausheben.
Die Eier 4 Minuten in Salzwasser kochen. Danach abschrecken und pellen.
Die Frühlingszwiebeln schälen, fein schneiden und in heißem Algenöl kurz glasig dünsten, ohne dass sie weich werden. Den Meersalat hinzufügen und vom Herd nehmen. Die Eier mit einer Gabel zerdrücken und ebenfalls zufügen. Mit Salz und Pfeffer würzen und die fein gehackte Petersilie und den Aceto Balsamico untermischen.
Den Spargel in einer mit heißem Wasser gefüllten Kasserolle erneut erhitzen, anschließend abtropfen lassen und mit etwas geriebener Muskatnuss, Fleur de Sel und Pfeffer würzen. Die Spargel auf flache Teller verteilen und die Eiersauce darüber gießen.

Tipp Geben Sie etwas Öl oder geschmolzene Butter in die Sauce, wenn sie die zerdrückten Eier untermischen. Sie wird dann cremiger.

Wein Ein trockener Muscat d'Alsace.

spargel

Algen, baskische Art

Für 4 Personen
Zubereitung: 35 Min.
Entsalzen: 20 Min.
Kochzeit: 15 Min.

40 g	Kombu royal
40 g	Wakame
25 g	Dulse
4	kleine Scheiben Bayonne-Schinken
2	Zwiebeln
1	rote Paprika
1	gelbe Paprika
1	grüne Paprika
2	Knoblauchzehen
1	Bouquet garni*
2	Eier
100 ml	Olivenöl
	Chilipulver oder Piment d'Espelette*
	feines Salz und Fleur de Sel de Guérande*
	frisch gemahlener Pfeffer

Kombu royal, Wakame und Dulse 15 bis 20 Minuten in kaltes Wasser legen, sorgfältig abspülen und in 3 cm große Stücke schneiden. Zwiebeln schälen und fein hacken. Paprika putzen, entkernen und in Stücke schneiden. Knoblauchzehen schälen und fein hacken.

Zwiebeln und Bouquet garni in einer heißen Kasserolle mit 50 ml Olivenöl anbraten. Algen, fein gehackten Knoblauch und Salz und Pfeffer hinzufügen. Schließlich die Schinkenscheiben dazu geben, aber nicht mehr kochen.

In einer heißen Pfanne die grüne und dann die rote und gelbe Paprika sautieren, mit Salz und Pfeffer würzen und 6 bis 8 Minuten garen.

Eier mit etwas Wasser verquirlen.

Den Inhalt aus Pfanne und Topf miteinander mischen, mit einer Messerspitze Chilipulver bestreuen, im letzten Moment die Eier dazugeben, abschmecken und sofort servieren.

Tipp Die Algen, baskische Art, eignen sich auch hervorragend als Beilage zu Huhn.

Wein Ein roter Irouléguy.

wakame

Gemüsetopf
mit Algen

Für vier Personen
Zubereitung: 40 Min.
Entsalzen: 20 Min.
Kochzeit: 10 Min.

50 g	Kombu royal
1	Bund Frühlingszwiebeln
1	rote Paprika
2	Zucchini
1	Aubergine
4	kleine Artischocken
1	Fenchel
2	Knoblauchzehen
1	Bouquet garni*
150 g	Kirschtomaten
1	Bund Koriander
60 g	Butter
50 ml	Olivenöl
	feines Salz und Fleur de Sel de Guérande*
	frisch gemahlener Pfeffer

Kombu royal 15 bis 20 Minuten in kaltes Wasser legen, sorgfältig abspülen und in 2 cm große Stücke schneiden.

Die kleinen Zwiebeln schälen und vierteln. Paprika entkernen und in Stücke schneiden. Zucchini und Aubergine in Stifte schneiden. Von den Artischocken die äußeren Blätter und oberen Blattspitzen entfernen und die Disteln vierteln. Den Fenchel schälen und vierteln.

Zwiebeln, Artischocken, Fenchel und Paprika in einer Pfanne mit heißer Butter-Ölmischung andünsten. Bouquet garni dazu geben, 6 bis 8 Minuten dünsten und anschließend Kombu untermischen. In einer zweiten Pfanne Auberginen, Zucchini und Knoblauch mit dem restlichen Öl andünsten und anschließend mit Salz und Pfeffer würzen.

Die Gemüse miteinander vermischen, Kirschtomaten und Korianderblätter hinzugeben, abschmecken und servieren.

Tipp Dieses Gericht eignet sich hervorragend als Beilage zu Meerbarbe oder Petersfisch.

Wein Ein Bellet oder ein Bandol rosé.

artischocke

Knollensellerie und Sellerieblätter mit Algen

Für vier Personen
Zubereitung: 20 Min.
Entsalzen: 20 Min.
Kochzeit: 12 Min.

20 g	Meersalat
25 g	Dulse
1	Knollensellerie
1	Stange Staudensellerie
250 ml	Wasser
250 ml	Milch
500 ml	Traubenkernöl
60 g	Butter
	feines Salz und Fleur de Sel de Guérande*
	frisch gemahlener Pfeffer

Meersalat und Dulse 15 bis 20 Minuten in kaltes Wasser legen und anschließend sorgfältig abspülen. Dulse in 3 cm große Stücke und Meersalat in 8 cm große Stücke schneiden.

Knollensellerie schälen und in 1 cm dicke Scheiben schneiden. Diese wiederum in Dreiecke teilen und in einer Mischung aus Wasser und gesalzener Milch 5 bis 7 Minuten blanchieren. Danach abschrecken und abtropfen lassen.

Die Blätter des Stangensellerie abschneiden und in Traubenkernöl frittieren. Auf Küchenpapier abtropfen lassen.

Ebenso den vorher gründlich abgetrockneten Meersalat frittieren und auf Küchenpapier abtropfen lassen (nicht salzen!).

Die Selleriestücke in eine Pfanne mit etwas Butter von beiden Seiten goldbraun braten. Mit Salz und Pfeffer würzen und die Dulse hinzugeben.

Auf einer Platte den Meersalat und die Sellerieblätter in der Mitte anrichten und die dreieckigen Selleriestücke außen herum legen.

Tipp Dieses Gericht schmeckt gut zu Steinbutt, zu Kalbsbraten oder zu Kaninchen.

Wein Ein Riesling.

dulse

Kohl mit Maronen
und Meeresspaghetti

Für 4 Personen
Zubereitung: 20 Min.
Entsalzen: 20 Min.
Kochzeit: 15 Min.

40 g	Meeresspaghetti
1	Wirsing- oder Grünkohl
2	Zwiebeln
300 g	kochfertige Maronen/Esskastanien (z.B. tiefgefroren)
2 EL	Apfelessig mit Algen (Rezept S. 174)
100 ml	Geflügelbouillon
6	Wacholderbeeren
1	Bouquet garni*
60 g	Butter
	feines Salz und Fleur de Sel de Guérande*
	frisch gemahlener Pfeffer

Meeresspaghetti 15 bis 20 Minuten in kaltes Wasser legen und sorgfältig abspülen.

Kohlblätter ablösen, zerkleinern und 3 bis 4 Minuten in kochendem Salzwasser blanchieren. Anschließend abschrecken und abtropfen lassen.

Zwiebeln schälen und fein hacken. In einer Kasserolle mit etwas Butter andünsten. Anschließend die Maronen und Wacholderbeeren zufügen und mit der Geflügelbouillon aufgießen. Bouquet garni und Kohlblätter untermischen.

Fünf Minuten garen, dann die Meeresspaghetti zufügen und weitere 8 Minuten auf kleiner Flamme köcheln lassen. Mit Salz und Pfeffer würzen, den Essig untermischen und sofort servieren.

Tipp Reichen Sie dieses Gemüse als Beilage zu Wildschwein oder einem Schweinebraten. Sie können auch etwas geräucherten Schweinebauch oder in Würfel geschnittenen Knochenschinken untermischen.

Wein Ein roter Ajaccio.

maronen

Blumenkohl süßsauer
mit Dulse

Für vier Personen
Zubereitung: 30 Min.
Entsalzen: 20 Min.
Kochzeit: 18 Min.

40 g	Dulse
2	Köpfe Blumenkohl
60 g	Butter
1 EL	Zucker
2 EL	Apfelessig mit Algen (Rezept S. 174)
	feines Salz und Fleur de Sel de Guérande*
	frisch gemahlener Pfeffer

Dulse 15 bis 20 Minuten in kaltes Wasser legen, sorgfältig abspülen und in 2 cm große Stücke schneiden.
Blumenkohl putzen, zerkleinern und in kochendem Wasser blanchieren. Abtropfen lassen und 6 Minuten in Salzwasser kochen. Anschließend abschrecken und erneut abtropfen lassen.
In einer Kasserolle ein Stück Butter schmelzen lassen und darin die Blumenkohlröschen mit etwas Zucker leicht anbräunen. Mit Salz und Pfeffer würzen, Dulse und Essig hinzugeben und auf kleiner Flamme 5 Minuten schmoren lassen. Sofort servieren.

Tipp Reichen Sie dazu gekochten Beinschinken (Jambon de Paris).

Wein Ein Jasnières.

dulse

Möhrengemüse mit Algen, Kreuzkümmel und Mandeln

Für vier Personen
Zubereitung: 35 Min.
Entsalzen: 20 Min.
Kochzeit: 12 Min.

40 g	Meersalat
25 g	Dulse
3	Bund junge Möhren
80 g	ganze, geschälte Mandeln
80 g	Butter
2 EL	Erdnussöl
1 EL	Kreuzkümmel
	feines Salz und Fleur de Sel de Guérande*
	frisch gemahlener Pfeffer

Meersalat und Dulse 15 bis 20 Minuten in kaltes Wasser legen, sorgfältig abspülen und in 3 cm große Stücke schneiden.

Möhren schälen und 6 bis 8 Minuten in kochendem Salzwasser blanchieren. Anschließend abschrecken und abtropfen lassen.

In einer Kasserolle 30 g Butter erhitzen und die Mandeln darin unter ständigem Rühren anrösten. Kreuzkümmel hinzufügen.

Möhren der Länge nach halbieren (kleine Möhren ganz lassen). In einen weiteren Topf die restliche Butter und 50 ml Wasser geben und Möhren, Algen, Mandeln und Kreuzkümmel darin schwenken. Mit Salz und Pfeffer würzen, 5 Minuten erwärmen und sofort servieren.

Tipp Servieren Sie die Möhren als Beilage zu Schweine- oder Rinderbraten.

Wein Ein Gewürztraminer.

mandeln

Runde Zucchini
gefüllt mit Algenreis

Für vier Personen
Zubereitung: 45 Min.
Entsalzen: 20 Min.
Kochzeit: 35 Min.

20 g	Meeresspaghetti
10 g	Dulse
8	runde Zucchini (Rondini)
1	Zwiebel
120 g	Rundkornreis
3 EL	Weißwein
60 g	Butter
3 EL	Olivenöl
½ TL	Algenflocken
	Thymianblüte
	feines Salz und Fleur de Sel de Guérande*
	frisch gemahlener Pfeffer

Meeresspaghetti und Dulse 15 bis 20 Minuten in kaltes Wasser legen, sorgfältig abspülen, zerschneiden und grob hacken. Einige Algen ungehackt für die Garnitur beiseite legen.
Die Deckel der Zucchini abschneiden und die Zucchini mithilfe eines Apfelausstechers aushöhlen. Die Zucchini 3 Minuten in kochendem Salzwasser blanchieren, abschrecken und abtropfen lassen.
Die fein gehackte Zwiebel in einer Kasserolle mit etwas Öl und 30 g Butter anschwitzen, den Reis hinzugeben und unter ständigem Rühren mit einem Holzlöffel 1 bis 2 Minuten andünsten, bis alle Körner mit Fett ummantelt sind ohne braun zu werden.
Mit dem Wein ablöschen, die Algen hinzugeben und so viel Wasser zugießen, bis der Reis 3 cm hoch bedeckt ist. Mit Salz und Pfeffer würzen und ohne Deckel auf kleiner Flamme 18 Minuten köcheln lassen. Häufig umrühren und zum Ende der Kochzeit die Algenflocken untermischen.
Den Backofen auf 200 °C (Gas Stufe 3–4) vorheizen. Die Zucchini innen mit Salz und Pfeffer bestreuen und mit dem Algenreis füllen. Den Zucchini wieder den Deckel aufsetzen und in eine Auflaufform stellen. 30 g Butter und 1 Esslöffel Öl hinzugeben und den Boden der Form mit 5 mm Wasser bedecken. Mit einer Messerspitze Thymianblüte bestreuen und 12 Minuten im Backofen backen. Vor dem Servieren etwas abkühlen lassen.

Tipp Bereiten Sie dieses Gericht im Sommer zu, z.B. für ein Büffet oder als Beilage zu Fisch.

Wein Ein Mâcon-Villages.

Rotkohl mit Rotwein
und Kombu royal

Für vier Personen
Zubereitung: 45 Min.
Entsalzen: 20 Min.
Kochzeit: 25 Min.

60 g	Kombu royal
1	mittelgroßer Rotkohl
2	rote Zwiebeln
400 ml	Rotwein (Côtes-du-Rhône)
½ Glas	Grenadinesirup
2 EL	Sherryessig
60 g	Butter
2 EL	Erdnussöl
	feines Salz und Fleur de Sel de Guérande*
	frisch gemahlener Pfeffer

Kombu royal 15 bis 20 Minuten in kaltes Wasser legen, sorgfältig abspülen und in 1 cm große Stücke schneiden.
Den Rotkohl halbieren, den Strunk abschneiden und den Kohl klein schneiden, 2 Minuten in kochendem Salzwasser blanchieren und abtropfen lassen.
Die roten Zwiebeln schälen und in 5 mm dicke Scheiben schneiden. **D**ie Zwiebeln in der Butter-Ölmischung leicht anschwitzen, den Kohl hinzufügen und 6 Minuten dünsten. Rotwein und Grenadinesirup dazugießen und auf die Hälfte einkochen lassen. Mit Salz und Pfeffer würzen.
Kombu und Sherryessig dazugeben und bei geringer Hitzezufuhr weitere 15 Minuten dünsten. Vor dem Servieren erneut abschmecken.

Tipp Dieses Gericht eignet sich hervorragend als Beilage zu Rehbraten, Wildschwein oder zu Schweinebraten.

Wein Ein Pinot Noir aus dem Elsass oder ein Côtes-du-Rhône-Villages, Rochegude.

rotkohl

Chicorée mit Maronen und Wakame

Für vier Personen
Zubereitung: 40 Min.
Entsalzen: 20 Min.
Kochzeit: 15 Min.

60 g	Wakame
8	Kolben Chicorée
250 g	kochfertige Maronen (aus dem Glas oder tiefgefroren)
1 EL	Sesam
60 g	Butter
1 EL	Zucker
	feines Salz und Fleur de Sel de Guérande*
	frisch gemahlener Pfeffer

Wakame 15 bis 20 Minuten in kaltes Wasser legen, sorgfältig abspülen und in 3 cm große Stücke schneiden.

Die äußeren Blätter des Chicorées entfernen und den unteren Teil abschneiden. Die Chicoréeblätter 2 Minuten in kochendem Salzwasser blanchieren und anschließend abschrecken und abtropfen lassen. Den Sesam in einer Pfanne ohne Zusatz von Fett rösten.

Die Butter in einer großen Kasserolle schmelzen lassen und 2 Esslöffel Wasser und den Zucker zufügen. Die gut abgetropften Chicoréeblätter darin schwenken und mit Salz und Pfeffer würzen. Auf großer Flamme unter ständigem Rühren mit einem Holzlöffel karamellisieren lassen, bis sie leicht gebräunt sind.

Nach einander Maronen, Sesam und Wakame zufügen und auf kleiner Flamme 8 Minuten dünsten. Vor dem Servieren abschmecken.

Tipp Servieren Sie dazu eine gebratene Taube oder Entenbrustfilets.

Wein Ein Cahors.

wakame

Gedünsteter Fenchel
mit Tomatensauce und Kombu royal

Für vier Personen
Zubereitung: 40 Min.
Entsalzen: 20 Min.
Kochzeit: 25 Min.

50 g	Kombu royal
8	kleine Fenchelknollen
8	Eiertomaten
2	Zwiebeln
2	Knoblauchzehen
20	schwarze Oliven
60 g	Butter
2 EL	Olivenöl
1 EL	Fenchelsamen
1	Bouquet garni*
	Chilipulver oder Piment d'Espelette*
	feines Salz und Fleur de Sel de Guérande*
	frisch gemahlener Pfeffer

Kombu royal 15 bis 20 Minuten in kaltes Wasser legen, sorgfältig abspülen und in 5 cm große Stücke schneiden.

Fenchel putzen, halbieren und 12 Minuten in kochendem Salzwasser garen. Anschließend abschrecken und abtropfen lassen.

Kombu 8 Minuten in kochendem Wasser garen, abschrecken und abtropfen lassen.

Tomaten halbieren, entkernen, würfeln und in einem Sieb abtropfen lassen.

Die gehackten Zwiebeln in 1 Esslöffel Öl andünsten und anschließend Tomaten, Knoblauchzehen, Bouquet garni, Salz, Pfeffer und eine Prise Chilipulver hinzufügen. 15 bis 20 Minuten schmoren, die Masse passieren und dann mit Fenchelsamen und den klein gehackten schwarzen Oliven mischen.

Den Backofen auf 200 °C (Gas Stufe 3–4) vorheizen. Fenchel und Kombu abwechselnd in eine Auflaufform schichten, die Tomatensauce darüber gießen und 10 Minuten im Backofen backen. Heiß, aber nicht kochend servieren.

Tipp Servieren Sie dazu eine im Backofen gebackene Meerbarbe oder einen Wolfsbarsch.

Wein Ein Côtes-de-Provence.

fenchel

Algenbeilage:
Meersalat, Dulse und Norisauce

Für vier Personen
Zubereitung: 40 Min.
Entsalzen: 20 Min.
Kochzeit: 8 Min.

50 g	Meersalat
60 g	Dulse
20 g	Nori
60 g	kalte Butter
2 EL	Olivenöl
1	Zitrone (Saft)
	frisch gemahlener Pfeffer

Meersalat, Dulse und Nori 15 bis 20 Minuten in kaltes Wasser legen, sorgfältig abspülen und in 5 cm große Stücke schneiden.

Nori fein hacken und 8 Minuten in kochendes Wasser geben. 100 ml der Kochflüssigkeit auffangen, Nori wieder zufügen und mit Butter und Olivenöl aufschlagen. Anschließend den Zitronensaft unterrühren und abschmecken.

Meersalat 5 Minuten im Wasserdampf garen. Dulse im Wasserdampf erwärmen, ohne sie zu kochen.

Meersalat und Dulse auf einer Platte arrangieren, mit der Norisauce umrunden und mit frisch gemahlenem Pfeffer bestreuen.

nori

Tipp Servieren Sie dazu im Dampf gegarten Fisch. Dieses Rezept lässt sich auch mit nur einer einzigen Algensorte zubereiten.

Wein Ein Muscadet sur lie oder ein roter Menetou-Salon.

dulse

Algenbeilage: Meeresspaghetti, Wakame und Kombu

Für vier Personen
Zubereitung: 10 Min.
Entsalzen und Einlegen 1 Std.
Kochzeit: 6 Min.

60 g	Kombu royal
80 g	Wakame
60 g	Meeresspaghetti
3 EL	Olivenöl
	Zitronensaft
	Chilipulver oder Piment d'Espelette*
	Fleur de Sel de Guérande*
	frisch gemahlener Pfeffer

Kombu royal, Wakame und Meeresspaghetti 15 bis 20 Minuten in kaltes Wasser legen, sorgfältig abspülen und in 6 cm große Stücke schneiden.

Wakame 35 Minuten in Zitronensaft und ein paar Tropfen Olivenöl marinieren und anschließend abschmecken.

Meeresspaghetti 6 Minuten in kochendes Wasser einlegen. Abtropfen lassen und mit Pfeffer und etwas Olivenöl würzen.

Kombu eine Stunde in Zitronensaft, ein paar Tropfen Olivenöl und einer Prise Chilipulver marinieren. Anschließend abschmecken.

Arrangieren Sie die verschiedenen Algen zusammen auf einer Platte.

Tipp Servieren Sie die Algen als Vorspeise oder mit im Dampf gegartem Fisch oder weißem Fleisch.

Wein Ein Riesling oder Volnay.

wakame

Erbsen mit Frühlingszwiebeln, Meersalat und Saft von Teltower Rübchen

Für vier Personen
Zubereitung: 35 Min.
Entsalzen: 20 Min.
Kochzeit: 8 Min.

40 g	Meersalat
1,5 kg	Erbsen (in der Hülse)
1	Bund Frühlingszwiebeln
1	Bund Teltower Rübchen
60 g	Butter
	feines Salz und Fleur de Sel de Guérande*
	frisch gemahlener Pfeffer

Meersalat 15 bis 20 Minuten in kaltes Wasser legen, sorgfältig abspülen und in 1 cm große Stücke schneiden.

Erbsen aus den Hülsen lösen und 2 Minuten in kochendem Salzwasser blanchieren. Anschließend abschrecken und abtropfen lassen.

Frühlingszwiebeln schälen und zusammen mit dem Grün 3 bis 4 Minuten in kochendem Salzwasser blanchieren. Anschließend abschrecken und abtropfen lassen. Das Grün der Zwiebeln fein hacken.

Rübchen schälen und im Entsafter entsaften.

In einer offenen Kasserolle den Rübchensaft, Butter, Meersalat, Zwiebeln ohne das Grün und Erbsen auf niedriger Flamme 6 bis 8 Minuten garen. Mit Salz und Pfeffer abschmecken und kurz vor dem Servieren das Frühlingszwiebelgrün dazugeben.

Tipp Servieren Sie für eine vollständige Mahlzeit pochierte Eier dazu.

Wein Ein Touraine-Sauvignon.

erbsen

Süßkartoffelgratin
mit Algen

Für vier Personen
Zubereitung: 20 Min.
Entsalzen: 20 Min.
Kochzeit: 35 Min.

25 g	Dulse
1 kg	Süßkartoffeln
200 ml	Sahne
½ EL	Algenflocken
30 g	Butter
1 EL	Erdnussöl
1	Sternanis
1	Zimtstange
	etwas Orangenschale
½ TL	Paprikapulver
80 g	geriebener Käse
	feines Salz und Fleur de Sel de Guérande*
	frisch gemahlener Pfeffer

Dulse 15 bis 20 Minuten in kaltes Wasser legen, sorgfältig abspülen und in 1 cm große Stücke schneiden. Kartoffeln schälen und in 1 cm dicke Scheiben schneiden.

Die Kartoffelscheiben mit der Butter und 1 Esslöffel Öl in einer Pfanne goldbraun anbraten und anschließend zum Abtropfen auf Küchenpapier legen.

Kartoffelscheiben mit der Sahne, Sternanis, Zimt, Orangenschale und Paprikapulver in eine Kasserolle geben. Mit Salz und Pfeffer würzen und auf kleiner Flamme 8 Minuten garen lassen.

Den Backofen auf 180 °C (Gas Stufe 3) vorheizen. Die Kartoffelscheiben mit der Dulse im Wechsel in eine Auflaufform aus Ton legen. Die Sahnesauce darüber gießen und mit den Algenflocken und dem geriebenen Käse bestreuen. 20 Minuten im Backofen backen.

Tipp Probieren Sie dieses Gratin zu Wild oder zu einer gebratenen Ente.

Wein Ein halbtrockener Vouvray.

dulse

Dicke Bohnen
mit Rosmarin und Algen

Für vier Personen
Zubereitung: 40 Min.
Entsalzen: 20 Min.
Kochzeit: 13 Min.

25 g	Meersalat
2 kg	dicke Bohnen
4	Frühlingszwiebeln
4	Rosmarinzweige
35 g	Butter
2 EL	Olivenöl
	feines Salz und Fleur de Sel de Guérande*
	frisch gemahlener Pfeffer

Meersalat 15 bis 20 Minuten in kaltes Wasser legen, sorgfältig abspülen und in 3 cm große Stücke schneiden.

Bohnensamen aus den Hülsen lösen und Bohnen eine Minute in kochendem Salzwasser blanchieren. In einem Gefäß mit Eiswürfeln abschrecken, abtropfen lassen und anschließend schälen.

Meersalat 8 Minuten in kochendes Salzwasser einlegen. Danach abschrecken und abtropfen lassen.

Die fein gehackten Zwiebeln in Olivenöl glasig dünsten.

Vier hübsche kleine Rosmarinzweige für die Dekoration beiseite legen, den restlichen Rosmarin in einer heißen Pfanne mit Olivenöl frittieren und anschließend zum Abtropfen auf Küchenpapier legen.

Die Bohnen, 10 ganz fein gehackte Rosmarinnadeln und etwas Butter in einer Kasserolle auf kleiner Flamme 5 Minuten dünsten. Anschließend den Meersalat hinzugeben, abschmecken und vor dem Servieren mit den Frühlingszwiebeln und dem frittierten Rosmarin bestreuen.

Tipp Servieren Sie dieses Gericht als Beilage zu Kalbsbries, Täubchen oder Jakobsmuscheln.

Wein Ein weißer Côtes-du-Jura oder ein Côtes-du-Rhône-Villages.

rosmarin

Kleine Kartoffeln
mit Kombu und Bacon

Für vier Personen
Zubereitung: 35 Min.
Entsalzen: 20 Min.
Kochzeit: 18 Min.

50 g	Kombu, z.B. aus der Bretagne
1 kg	kleine Kartoffeln (kleinste Sortierung)*
8	Knoblauchzehen
6	Scheiben Bacon (Frühstücksspeck)
3 EL	Erdnussöl
60 g	Butter
2	Lorbeerblätter
1	Thymianzweig
1 EL	Koriandersamen
	feines Salz und Fleur de Sel de Guérande*
	frisch gemahlener Pfeffer

Kombu 15 bis 20 Minuten in kaltes Wasser legen, sorgfältig abspülen und in 5 mm kleine Stücke schneiden.
Kartoffeln waschen, eventuell bürsten, nicht schälen und der Länge nach halbieren. 5 Minuten in Salzwasser blanchieren, abschrecken und abtropfen lassen.
Kartoffeln 5 Minuten auf großer Flamme in einer Pfanne mit etwas Öl anbraten. Die Knoblauchzehen ungeschält hinzugeben, in Dreiecke geschnittenen Bacon und dann Lorbeerblätter, Thymian und Kombu zufügen.
Mit Salz und Pfeffer würzen und Butter und Koriandersamen unterziehen. 8 Minuten auf kleiner Flamme garen lassen.

Tipp Das Gericht ist eine leckere Beilage für Braten aller Art und passt ganz besonders gut zu gebratenem Huhn.

Wein Ein Muscadet sur lie oder ein Fiefs-Vendées.

kombu

Stampfkartoffeln
mit Algen

Für vier Personen
Zubereitung: 20 Min.
Kochzeit: 20 Min.

1 EL	Algenflocken
1,2 kg	mittelgroße Kartoffeln*
100 ml	Sahne
80 g	Butter
2 EL	Haselnussöl
	feines Salz und Fleur de Sel de Guérande*
	frisch gemahlener Pfeffer

Kartoffeln etwa 20 Minuten in Salzwasser kochen. Anschließend abtropfen lassen, pellen und mit einer Gabel grob zerdrücken.

Sahne und Algenflocken in eine Kasserolle geben und langsam erhitzen. Die Kartoffeln hinzufügen und die Butter und das Haselnussöl untermischen. Mit Salz und Pfeffer abschmecken. Nicht zu stark mischen, damit die Kartoffeln nicht breiig werden.

Tipp Wählen Sie für dieses Rezept Roseval-Kartoffeln.

Wein Ein Vin du Pays du Haut Poitou.

kartoffeln

Kartoffeln in Court-bouillon
mit Algen und Lorbeer

Für vier Personen
Zubereitung: 20 Min.
Entsalzen: 20 Min.
Kochzeit: 20 Min.

30 g	Kombu royal
30 g	Wakame
800 g	Kartoffeln
3	weiße Zwiebeln
4	Knoblauchzehen
1	Stange Staudensellerie
1	Bouquet garni*
2	Gewürznelken
1	Lorbeerblatt
10	Koriandersamen
1	Bund glatte Petersilie
	grobes Meersalz
8	schwarze Pfefferkörner

Kombu royal und Wakame 15 bis 20 Minuten in kaltes Wasser legen, sorgfältig abspülen und in 5 cm große Stücke schneiden.

Kartoffeln, Zwiebeln und Knoblauchzehen schälen und die Zwiebeln mit den Gewürznelken spicken. Staudensellerie putzen und in Stücke schneiden.

Kartoffeln, Algen, Gemüse und Gewürze in eine Kasserolle geben. Mit Wasser aufgießen, mit Meersalz würzen und 20 Minuten auf kleiner Flamme köcheln lassen.

Kartoffeln mit einem Schaumlöffel herausheben, mit den Zwiebeln und Algen anrichten und vor dem Servieren mit der fein gehackten Petersilie bestreuen.

Tipp Servieren Sie diese Kartoffeln zu pochiertem Kabeljau, zu einer Schweinshaxe oder zu Würsten.

Wein Ein Premières-Côtes-de-Bordeaux.

lorbeer

Gemüsepüree mit Algen

Für vier Personen
Zubereitung: 20 Min.
Entsalzen: 20 Min.
Kochzeit: 35 Min.

40 g	Meersalat
800 g	Kartoffeln (Charlotte)*
1	Zwiebel
4	Karotten
1	Stange Staudensellerie
1	Lauchstange
1	Bund glatte Petersilie
100 ml	Schmant oder dicke, saure Sahne
80 g	Butter
	feines Salz und Fleur de Sel de Guérande*
	frisch gemahlener Pfeffer

Meersalat 15 bis 20 Minuten in kaltes Wasser legen und sorgfältig abspülen.

Kartoffeln, Zwiebel und Karotten schälen und alles in grobe Würfel schneiden. Staudensellerie und Lauchstange klein schneiden.

In einer Kasserolle Gemüse und Meersalat in 30 g Butter hell anschwitzen, mit Wasser aufgießen, mit Salz und Pfeffer würzen und 25 bis 30 Minuten sanft köcheln lassen. 5 Minuten vor Ende der Kochzeit mit der grob gehackten Petersilie bestreuen.

Das Gemüse abtropfen lassen und dabei etwas Kochflüssigkeit auffangen. Das Gemüse im Mixer pürieren, Sahne und Butter untermischen, abschmecken und das Püree, wenn nötig, mit der Kochflüssigkeit verlängern.

Tipp Servieren Sie dazu einen Rinderbraten, Geflügel oder Fisch, z.B. Meerbarbe oder Steinbutt.

Wein Ein Petit Chablis.

petersilie

Lauwarme Topinambur
in Algenvinaigrette

Für vier Personen
Zubereitung: 20 Min.
Kochzeit: 20 Min.

1 EL	Algenflocken
1,2 kg	Topinambur
1 l	Milch
6 EL	Algenvinaigrette (Rezept S. 175)
1 TL	scharfer Senf
	feines Salz, grobes Meersalz und Fleur de Sel de Guérande*
	frisch gemahlener Pfeffer

Topinambur sorgfältig waschen, Schale abreiben und die Knollen der Länge nach halbieren. In einer Mischung aus halb Milch, halb Wasser, etwas grobem Salz und Pfeffer ungefähr 20 Minuten kochen. Garzustand mit einer Messerspitze überprüfen. Gemüse im Sud lauwarm abkühlen lassen.

Topinambur abtropfen lassen, mit den Algenflocken und Salz und Pfeffer bestreuen. Den Senf unter die Vinaigrette mischen, diese dann über den Topinambur gießen und vorsichtig unterheben.

Tipp Topinambur ist vorwiegend im Winter erhältlich. Das Gericht schmeckt hervorragend zu Jakobsmuscheln, Lachs oder Schinken.

Wein Ein weißer oder roter Côte-Chalonnaise.

topinambur

Gefüllte Cannelloni
mit Kräutern und Algen

Für vier Personen
Zubereitung: 40 Min.
Entsalzen: 20 Min.
Kochzeit: 30 Min.

50 g	Kombu
30 g	Dulse
12	Cannelloni
60 g	junge Spinatblätter
1	Schalotte
1	Knoblauchzehe
3	Tomaten
1	Zwiebel
2	Bund Schnittlauch
½	Bund glatte Petersilie
½	Bund Koriander
10	Basilikumblätter
2	Eigelb
50 g	geriebener Parmesankäse
2 EL	Olivenöl
	feines Salz und Fleur de Sel de Guérande*
	frisch gemahlener Pfeffer
	Chilipulver oder Piment d'Espelette*

Kombu und Dulse 15 bis 20 Minuten in kaltes Wasser legen, sorgfältig abspülen, klein schneiden und grob hacken.

Für die Füllung: Kombu, Spinatblätter und Kräuter in kochendem Salzwasser blanchieren, in Eiswasser abschrecken und gründlich abtropfen lassen. Mithilfe eines Mixers pürieren und durch ein Sieb streichen.

Die klein gehackte Schalotte mit einem Esslöffel Olivenöl in einer Kasserolle glasig dünsten. Die gehackte Knoblauchzehe, die Dulse und das Kräuterpüree hinzugeben und 5 Minuten dünsten. Abkühlen lassen und dann Eigelb und 20 g geriebenen Parmesankäse untermischen. Mit Salz und Pfeffer abschmecken.

Die Tomaten in Würfel schneiden und in einem Sieb abtropfen lassen. Die gehackte Zwiebel in einem Esslöffel Olivenöl glasig dünsten. Anschließend die Tomaten dazugeben, 15 bis 20 Minuten köcheln lassen, abschmecken und passieren. 1 Esslöffel Olivenöl und eine Prise Chilipulver untermischen.

Den Backofen auf 220 °C (Gas Stufe 4–5) vorheizen. Die Cannelloni mithilfe einer Teigspritze mit der Farce füllen. In eine Gratinform legen, mit der Tomatensauce begießen und mit dem restlichen Parmesankäse bestreuen. 10 Minuten im Backofen backen und anschließend kurz unter dem Grill bräunen.

Tipp Reichen Sie dazu einen Romana-Salat mit Olivenöl und gehobeltem Parmesankäse.

Wein Ein Coteaux-d'Aix rosé.

Linsensprossen
mit Wirsing und Wacholderbeeren

Für vier Personen
Zubereitung: 25 Min.
Entsalzen: 20 Min.
Kochzeit: 8 Min.

40 g	Dulse
10 g	Nori
1	Frühwirsing
250 g	Linsensprossen
10	Wacholderbeeren
4 EL	Algenvinaigrette (Rezept S. 175)
½	Bund Kerbel
	feines Salz und Fleur de Sel de Guérande*
	frisch gemahlener Pfeffer

Dulse und Nori 15 bis 20 Minuten in kaltes Wasser legen und anschließend sorgfältig abspülen. Dulse in 2 cm große Stücke schneiden, Nori fein hacken.

Wirsing waschen und in einzelne Blätter zerteilen. Aus den Blättern mithilfe eines Locheisens runde Scheiben herausstanzen und diese 3 Minuten in kochendem Salzwasser blanchieren. Anschließend abschrecken und abtropfen lassen.

Nori, Dulse und Linsensprossen miteinander mischen und 2 Minuten in kochendem Salzwasser blanchieren. Abschrecken und abtropfen lassen.

Wirsing und Sprossen jeweils im Wasserdampf 4 bis 5 Minuten erwärmen. Den Kohl mit Salz und Pfeffer würzen und die zerstoßenen Wacholderbeeren und die Vinaigrette untermischen. Sprossen und Algen ebenfalls abschmecken und mit der Vinaigrette mischen.

Auf einer Platte immer abwechselnd kleine Portionen Sprossen und Kohlblätter anrichten und mit dem fein gehackten Kerbel bestreuen.

Tipp Dieses Gericht eignet sich hervorragend als Beilage zu Lamm- oder Kalbsbries oder zu gedünstetem Lachs.

Wein Ein Haute-Côte-de-Beaune.

Artischocken
und Algenravioli mit Ziegenkäse

Für vier Personen
Zubereitung: 25 Min.
Kochzeit: 2 Min.

1 EL	Algenflocken
4	kleine, längliche Artischocken
4	kleine Ziegenfrischkäse (à 80 g)
1	Bund Koriander
1	Paket Wan-Tan-Hüllen* oder frischer Ravioliteig
1	Ei, verquirlt
3 EL	Olivenöl
10	Koriandersamen
	feines Salz und Fleur de Sel de Guérande*
	frisch gemahlener Pfeffer

Tipp Servieren Sie diese Ravioli als Vorspeise oder statt Käse. Sie können auch einen Rucolasalat dazu reichen.

Wein Ein roter Costières-de-Nîmes.

Die äußeren Hüllblätter und oberen Blattspitzen der Artischocken abschneiden und die Disteln der Länge nach in dünne Scheiben schneiden. In einer heißen Pfanne mit 2 EL Olivenöl und den Koriandersamen leicht anbräunen. Sie sollten dabei knackig bleiben.

Den Ziegenkäse in jeweils vier Scheiben schneiden und diese mit Pfeffer und Algenflocken von beiden Seiten bestreuen und mit je einem Korianderblatt bedecken.

Jeweils ein Ravioliteigstück mit dem Ei bestreichen, eine Käsescheibe darauf legen und mit einem zweiten Teigstück bedecken. Die Ränder gut fest drücken, damit sich keine Luftblasen bilden, und mit einer runden Form ausstechen. Auf diese Weise 16 Ravioli herstellen.

In einem großen Topf Salzwasser mit ein paar Tropfen Olivenöl zum Kochen bringen. Die Ravioli darin 2 Minuten sieden lassen und dann vorsichtig mit einem Schaumlöffel herausheben.

Die Ravioli in einer flachen Schüssel anrichten, mit etwas Olivenöl beträufeln und mit frisch gemahlenem Pfeffer und Fleur de Sel bestreuen. Vor dem Servieren die Artischocken und frische Korianderblätter darauf garnieren.

artischocken

Coco-Bohnen mit Sandgarnelen
und Wakamestreifen

Für vier Personen
Zubereitung: 25 Minuten
Entsalzen: 20 Min.
Kochzeit: 30 Min.

60 g	Wakame
250 g	Sandgarnelen (Granat)
300 g	frische Coco-Bohnen (oder
600 g	weiße, ungeschälte Bohnenkerne)
1	Bund kleine weiße Zwiebeln
3	Knoblauchzehen
200 ml	Sahne
60 g	Butter
1	Bouquet garni*
1	Bund Basilikum
2	Gewürznelken
	Chilipulver oder Piment d'Espelette*
	feines Salz und Fleur de Sel de Guérande*
	frisch gemahlener Pfeffer

Wakame 15 bis 20 Minuten in kaltes Wasser legen. Anschließend sorgfältig abspülen und in hauchdünne Streifen schneiden.

Die Garnelen und kleinen Zwiebeln schälen. Die Coco-Bohnen mit den Zwiebeln, den geschälten Knoblauchzehen, dem Bouquet garni und den Gewürznelken in kochendes Salzwasser geben. Mit Salz und Pfeffer würzen und auf kleiner Flamme 25 bis 30 Minuten köcheln lassen.

In einer Kasserolle die Sahne erwärmen, die geschälten Garnelen hineingeben und mit Salz, Pfeffer und einer Prise Chilipulver würzen und mit den Wakamestreifen vorsichtig 5 Minuten erwärmen.

Die Bohnen abtropfen lassen und Knoblauch und Bouquet garni entfernen. Die Coco-Bohnen mit den Garnelen und dem Wakame mischen, abschmecken und mit fein gehacktem Basilikum bestreuen.

Tipp Servieren Sie dieses Gericht als Vorspeise oder als Beilage zu Steinbutt oder Seezunge. Mögen Sie es etwas exotischer, dann können Sie etwas Kokosnussmilch unter die Sahne mischen.

Wein Ein weißer Sancerre.

coco-bohne

Dinkel mit Pistou
und Meeresspaghetti

Für vier Personen
Zubereitung: 25 Min.
Entsalzen und Wässern: 2 Std.
Kochzeit: 50 Min.

60 g	Meeresspaghetti
250 g	Dinkel
1	Zwiebel
4	Knoblauchzehen
2	Tomaten
1	Bouquet garni*
1	Bund Basilikum
5 EL	Olivenöl
8	Koriandersamen
1	Gewürznelke
	feines Salz und Fleur de Sel de Guérande*
	frisch gemahlener Pfeffer

Meeresspaghetti 15 bis 20 Minuten in kaltes Wasser legen, sorgfältig abspülen und in 1 cm große Stücke schneiden.

Dinkel 2 Stunden in kaltem Wasser quellen lassen. Anschließend sorgfältig abspülen und abtropfen lassen. Dinkel, geschälte Zwiebel, 2 Knoblauchzehen, Bouquet garni, Koriandersamen und Gewürznelke 35 bis 40 Minuten auf kleiner Flamme in Salzwasser köcheln lassen und die Meeresspaghetti 8 Minuten mit dem Dinkel mitkochen. Anschließend alles in diesem Sud abkühlen lassen.

Für den Pistou: Tomaten häuten und entkernen, mit dem Basilikum und den Knoblauchzehen klein hacken, Olivenöl hinzugeben und mit Salz und Pfeffer würzen.

Dinkel und Meeresspaghetti abtropfen lassen und ohne die anderen Zutaten in eine Kasserolle geben. Mit Salz und Pfeffer abschmecken und die Hälfte des Pistou dazugeben. In einer Schüssel servieren und den restlichen Pistou getrennt dazu reichen.

Tipp Dieses Gericht schmeckt heiß und kalt und passt hervorragend zu Lamm und Meerbarben.

Wein Ein roter Coteaux-du-Vivarais.

dinkel

Graupen mit Thymian, Fenchelwürfeln und Kombu royal

Für vier Personen
Zubereitung: 25 Min.
Entsalzen: 20 Min.
Kochzeit: 35 Min.

60 g	Kombu royal
250 g	Graupen
1	Zwiebel
2	Fenchel
2	Knoblauchzehen
1	Bouquet garni*
3	Thymianzweige
2 EL	Olivenöl
	feines Salz und Fleur de Sel de Guérande*
	frisch gemahlener Pfeffer

Kombu royal 15 bis 20 Minuten in kaltes Wasser legen, sorgfältig abspülen und in 1 cm große Vierecke schneiden.

In einer Kasserolle die Zwiebel mit etwas Olivenöl leicht andünsten, danach Graupen, in Würfel geschnittenen Fenchel, Kombu, klein gehackte Knoblauchzehen und Bouquet garni hinzufügen. Mit Wasser aufgießen, Thymianzweige einlegen, mit Salz und Pfeffer würzen und 30 bis 35 Minuten auf kleiner Flamme köcheln lassen.

Bouquet garni entfernen, abschmecken und in einer Schüssel servieren.

Tipp Reichen Sie dieses Gericht als Beilage zu Lammschulter oder gegrillter Goldbrasse. Oder servieren Sie es kalt als Salat-Mahlzeit.

Wein Ein Cairanne.

thymian

Linsen mit Wakame,
Nori, Zimt und Sternanis

Für vier Personen
Zubereitung: 1 Std. 20 Min.
Entsalzen: 20 Min.
Kochzeit: 20 Min.

60 g	Wakame
15 g	Nori
300 g	grüne Linsen (z.B. Puy-Linsen oder hellbraune kleine Berry-Linsen, auch Champagnerlinsen genannt)
2	Zwiebeln
2	Karotten
2	Knoblauchzehen
1	Bouquet garni*
1	Zimtstange
3	Sternanis
2	Gewürznelken
2 EL	Sherryessig
2 EL	Olivenöl
	feines Salz und Fleur de Sel de Guérande*
	frisch gemahlener Pfeffer

Wakame und Nori 15 bis 20 Minuten in kaltes Wasser legen und sorgfältig abspülen. Wakame in kleine 2 cm große Stücke schneiden, Nori fein hacken. Linsen 1 Stunde in kaltem Wasser einweichen.

In einer Kasserolle die fein gehackten Zwiebeln in Olivenöl andünsten und die in Würfel geschnittenen Karotten, die geschälten Knoblauchzehen, Bouquet garni, Zimt, Sternanis und Gewürznelken zufügen.

Linsen hineingeben, mit Wasser aufgießen und auf kleiner Flamme 15 Minuten köcheln lassen. Mit Salz und Pfeffer würzen. Die Algen hinzugeben und etwa 5 Minuten mitgaren lassen.

Bouquet garni und die anderen Gewürze entfernen, den Essig unterziehen und abschmecken. In einer Schüssel servieren.

Tipp Reichen Sie die Linsen zu einem Schweinebraten oder zu pochiertem Lachs. Mit einer Vinaigrette angemacht, schmecken sie auch vorzüglich als Salat.

Wein Ein Coteaux-du-Tricastin.

nori

Risotto
mit Gemüse und Algen

Für vier Personen
Zubereitung: 35 Min.
Entsalzen: 20 Min.
Kochzeit: 25 Min.

30 g	Dulse
1 EL	Algenflocken
4	Stange Staudensellerie
8	grüne Spargel
1	Bund kleine Möhren
2	Zwiebeln
250 g	italienischer Rundkornreis (Vialone oder Carnaroli)
2 EL	Weißwein
15 g	geriebener Parmesankäse
15 g	gehobelter Parmesankäse
150 ml	Sahne
80 g	Butter
3 EL	Olivenöl
	feines Salz und Fleur de Sel de Guérande*
	frisch gemahlener Pfeffer

Dulse 15 bis 20 Minuten in kaltes Wasser legen, sorgfältig abspülen und in 1 cm große Stücke schneiden.

Staudensellerie schälen und in kleine Würfel schneiden. Spargel schälen und in sehr feine Scheiben schneiden. Möhren schälen und 3 Minuten in kochendes Salzwasser geben. Sie sollten noch Biss haben. Anschließend Möhren abschrecken und in schräge Scheiben schneiden. Zwiebeln schälen und fein hacken.

Zwiebeln 2 Minuten in einer Kasserolle mit 40 g Butter und 2 Esslöffeln Olivenöl glasig dünsten. Den Reis hinzugeben und unter ständigem Rühren mit einem Holzlöffel anschwitzen, sodass jedes Reiskorn vom Fett ummantelt wird.

Weißwein und die Hälfte des Selleries hinzugeben. Mit so viel Wasser aufgießen, dass der Reis etwa 3 cm hoch bedeckt ist, mit Salz und Pfeffer würzen, in der offenen Kasserolle 18 Minuten auf kleiner Flamme köcheln lassen, dabei häufig umrühren. Anschließend die Algenflocken und die restliche Butter untermischen.

In einer Kasserolle Sahne und Dulse mischen und etwas einkochen lassen. Den Reis zufügen und den fein geschnittenen Spargel, die Möhren und den restlichen Sellerie untermischen. Den geriebenen Parmesan dazugeben, abschmecken und 5 Minuten quellen lassen.

In eine flache Auflaufform umfüllen, mit dem gehobelten Parmesan bestreuen, mit einem Esslöffel Olivenöl beträufeln, 2 Minuten in den heißen Backofen stellen (225 °C; Gas Stufe 4–5) und servieren.

Tipp Mischen Sie auch andere Gemüsesorten unter den Risotto, z.B. je nach Jahreszeit grüne Bohnen, kleine Zwiebeln, Erbsen oder dicke Bohnen.

Wein Ein Faugères oder ein Saint-Chinian.

Sautierter Reis
mit Algen

Für vier Personen
Zubereitung: 20 Min.
Entsalzen: 20 Min.
Kochzeit: 20 Min.

50 g	Wakame
35 g	Dulse
½ EL	Algenflocken
100 g	Sojasprossen
300 g	Duftreis
3 EL	Olivenöl
2	Eier
½ EL	geriebener Ingwer
2 EL	Sojasauce
1	Bund Schnittlauch
	feines Salz und Fleur de Sel de Guérande*
	frisch gemahlener Pfeffer

Wakame und Dulse 15 bis 20 Minuten in kaltes Wasser legen, sorgfältig abspülen und in 1 cm große Stücke schneiden.

Sojasprossen 2 Minuten in kochendem Salzwasser blanchieren. Anschließend abschrecken und abtropfen lassen.

In einer Kasserolle 450 ml Salzwasser zum Kochen bringen. Den Reis hineingeben, umrühren und zugedeckt 10 Minuten auf kleiner Flamme kochen lassen. Vom Herd nehmen und zugedeckt weitere 6 Minuten quellen lassen.

Eier und Algenflocken vermischen. In einer großen Pfanne wie ein Omelette dünn ausbacken und anschließend in feine Streifen schneiden.

Den Ingwer mit etwas Öl in einer Kasserolle andünsten. Sojasprossen und Algen hinzugeben und 4 Minuten dünsten lasen. Mit der Sojasauce ablöschen. Den Reis und das Omelette hinzugeben, mit kleinen Schnittlauchröllchen bestreuen und mit Salz und Pfeffer abschmecken.

Tipp Mischen Sie auch rote Paprika und Erbsen unter den Reis.

Wein Ein Tavel rosé.

wakame

Panierter Tofu
mit würzigen Algen

Für vier Personen
Zubereitung: 20 Min.
Entsalzen: 20 Min.
Kochzeit: 3 Min.

30 g	Meersalat
2 EL	Algenflocken
500 g	Tofu (als Block)
60 g	Mehl
2	Eier
2	Joghurt
1 EL	Senf
300 ml	Traubenkernöl
	feines Salz und Fleur de Sel de Guérande*
	frisch gemahlener Pfeffer

Meersalat 15 bis 20 Minuten in kaltes Wasser legen, sorgfältig abspülen und in 6 cm große Stücke schneiden. Auf Küchenpapier trocknen. Die Algen in heißem Öl frittieren und auf Küchenpapier abtropfen lassen.

Tofu in große Würfel schneiden und erst in etwas Mehl, dann in den verquirlten und mit Salz und Pfeffer gewürzten Eiern und schließlich in den Algenflocken wälzen.

Den panierten Tofu etwa eine Minute von jeder Seite in einer heißen Pfanne mit etwas Öl braten und anschließend zum Abtropfen auf Küchenpapier legen.

Joghurt mit Senf, Salz und Pfeffer vermischen. Die panierten Tofuwürfel mit dem frittierten Meersalat auf einer Platte anrichten und die Joghurtsauce getrennt dazu reichen.

Tipp Bieten Sie dieses Gericht als Teil eines Büfetts oder zum Aperitif an.

Wein Ein Côtes-du-Rhône rosé.

tofu

Brot mit Olivenöl und Algen

Für acht bis zehn Personen
Zubereitung: 25 Min.
Ruhezeit: 1 Std. 40 Min.
Backzeit: 30 Min.

20 g	Algenflocken
1 kg	Mehl
20 g	frische Hefe
500 ml	Milch
100 ml	Wasser
50 g	Olivenöl
1	Ei
18 g	feines Salz
	Fleur de Sel de Guérande*

Algenflocken, Mehl und die in etwas lauwarmer Milch aufgelöste Hefe miteinander vermischen. Die restliche Milch, Wasser, Salz und Olivenöl dazugeben. 20 Minuten in der Küchenmaschine auf kleiner Stufe zu einem Teig verrühren und anschließend an einem warmen, zugfreien Ort eine Stunde gehen lassen.

Den Backofen auf 225 °C (Gas Stufe 4–5) vorheizen. Den Teig zu einer Kugel formen, in zwei gleich große Stücke teilen, etwas in die Läge ziehen und noch einmal an einem warmen Ort 30 bis 40 Minuten gehen lassen.

Die Oberseite mit einem verquirlten Ei bestreichen, mit etwas Fleur de Sel bestreuen und mit einer Rasierklinge kreuzförmig einschneiden. 10 Minuten im Backofen backen und weitere 20 Minuten bei 180 °C (Gas Stufe 3) durchbacken.

olivenöl

Gewürzbrot
mit Algen

Für acht bis 10 Personen
Zubereitung: 40 Min.
Ruhezeit: 2 Std. 40 Min.
Backzeit: 40 Min

20 g	gemischte Algenflocken
800 g	Weizenmehl
200 g	Roggenmehl
20 g	frische Hefe
650 ml	Wasser
20 g	feines Salz
1 TL	Fünf-Gewürze-Pulver

In einer großen Schüssel Algenflocken mit den Mehlsorten, Gewürzen und die vorher in lauwarmem Wasser aufgelöste Hefe miteinander vermischen. Das restliche Wasser und das Salz hinzugeben und 20 Minuten in einer Küchenmaschine auf kleiner Stufe zu einem Teig verkneten. Anschließend den Teig an einem zugfreien, warmen Ort 2 Stunden gehen lassen.

Den Teig zu einer Kugel formen, in zwei Portionen teilen und jeweils zu einem Brotlaib formen. An einem warmen Ort weitere 35 bis 40 Minuten gehen lassen.

Den Backofen auf 225 °C (Gas Stufe 4–5) vorheizen. Die Brotoberfläche mit etwas Wasser besprühen und mit Roggenmehl bestäuben. 10 Minuten im Backofen vorbacken, danach die Temperatur auf 180 °C (Gas Stufe 3) reduzieren und weitere 30 Minuten backen.

Tipp Dieses Rezept lässt sich auch mit Algenflocken aus einer einzigen Algenart herstellen: Dulse, Nori oder Meersalat.

gewürze

Blinis,
mit Algen gewürzt

Für 4 Personen
Zubereitung: 15 Min.
Ruhezeit: 30 Min.
Kochzeit: 10 Min.

2 EL	Algenflocken
350 g	Mehl
500 ml	Milch
3	Eier
20 g	Zucker
2	Beutel Trockenhefe
3 EL	Olivenöl
	feines Salz
	Chilipulver oder Piment d'Espelette*
	frisch gemahlener Pfeffer

Für den Blini-Teig: Mit einem Schneebesen sämtliche Zutaten bis auf das Öl miteinander vermischen, die Milch aber erst zum Schluss dazugießen. Den Teig vor dem Ausbacken eine halbe Stunde ruhen lassen.

In einer kleinen Pfanne etwas Öl auf mittlerer Flamme erhitzen. Eine kleine Kelle Teig in die Pfanne gießen, etwa 5 mm dick, und von beiden Seiten etwa 2 Minuten backen. Die Blinis nacheinander ausbacken und lauwarm servieren.

blinis

Tipp Reichen Sie dazu Algentatar, geräucherten Lachs oder Taramasalata (Paste aus rotem Meeräschenrogen vermischt mit Olivenöl, Brotkrumen, Zitronensaft u.a.).

Wein Ein Elsässer, Grand Cru Kanzlerberg.

Blätterteigstangen mit Algen

Für vier Personen
Zubereitung: 20 Min.
Ruhezeit: 20 Min.
Backzeit: 12 Min.

2 EL	Algenflocken
500 g	Blätterteig
2	Eier
	Fleur de Sel de Guérande*
	frisch gemahlener Pfeffer

Den Blätterteig mit einem Nudelholz 3 bis 4 mm dick ausrollen. Die Eier mit etwas Wasser verquirlen und den Teig mithilfe eines Backpinsels damit bestreichen. Anschließend mit Algenflocken, Fleur de Sel und etwas Pfeffer bestreuen.

Den Teig in 12 bis 15 cm lange und 1 cm breite Streifen schneiden. Die Streifen auf einem Backblech verteilen und 20 Minuten kühl stellen.

Den Backofen auf 200 °C (Gas Stufe 3–4) vorheizen. Das Blätterteiggebäck in den Backofen schieben und die Temperatur sofort auf 170 °C (Gas Stufe 2–3) senken. 12 Minuten backen.

Tipp Servieren Sie die Blätterteigstangen lauwarm zum Aperitif.

Wein Ein trockener, weißer Bordeaux.

blätterteig

Käsegebäck
mit Algen

Für vier Personen
Zubereitung: 45 Min.
Backzeit: 20 Min.

Für den Brandteig:

½ TL	Algenflocken aus Meersalat
100 g	Butter
200 g	Mehl
3	Eier
	Salz

Für die Algenbéchamel:

1 TL	Algenflocken aus Meersalat
45 g	Butter
45 g	Mehl
500 ml	Milch
100 g	geriebener Parmesankäse
	feines Salz
	frisch gemahlener Pfeffer
	Muskatnuss

Für den Brandteig: Einen Liter Wasser mit der Butter und einer Prise Salz erwärmen und dann das Mehl hinzufügen. Etwas köcheln lassen, dabei ständig mit einem Holzlöffel rühren, damit der Teig nicht anklebt. Den Topf vom Herd nehmen und nacheinander die Eier und schließlich den halben Löffel Algenflocken untermischen. Den Backofen auf 180 °C (Gas Stufe 3) vorheizen. Mit einer Teigspritze den Teig in kleinen Portionen auf ein mit Öl bestrichenes Backblech geben und 15 bis 18 Minuten im Backofen backen.

Für die Béchamelcreme: In einer Kasserolle die Butter zerlaufen lassen, das Mehl hinzugeben und mit einem Schneebesen rühren. Die kalte Milch unterrühren und mit etwas Salz, Pfeffer und geriebener Muskatnuss abschmecken. Aufkochen lassen und 8 Minuten unter ständigem Rühren weiter köcheln lassen. Die Kasserolle vom Herd nehmen, die Algenflocken und den geriebenen Parmesankäse untermischen und erneut abschmecken.

Mithilfe einer Teigspritze das Brandteiggebäck mit der Béchamelcreme füllen, 6 Minuten im auf 200 °C (Gas Stufe 3–4) erwärmten Backofen backen und sofort servieren.

Tipp Servieren Sie das Gebäck noch warm als leckeren Snack.

Wein Ein Bourgogne aligoté.

meersalat

Sauce Béarnaise mit Algen

Für vier Personen
Zubereitung: 20 Min.
Kochzeit: 10 Min.

1 TL	Algenflocken
2	Schalotten
100 ml	Weißwein
100 ml	Algenessig (Rezept S. 174)
4	Eigelb
225 g	kalte Butter
½ TL	feiner schwarzer Pfeffer

Schalotten schälen und klein hacken. In eine Kasserolle geben, mit dem Weißwein aufgießen und Algenessig und Pfeffer zufügen. Fast gänzlich einkochen lasen, vom Herd nehmen und abkühlen lassen.

Eigelb, etwas Salz und 10 ml kaltes Wasser dazugeben und die Sauce auf kleiner Flamme mit einem Schneebesen schaumig schlagen.

Vom Herd nehmen und die geklärte Butter (oder die in kleine Würfel geschnittene kalte Butter) untermischen. Abschmecken, durch ein Spitzsieb streichen und die Algenflocken unterrühren. In einer Sauciere servieren.

Tipp Servieren Sie diese Sauce zu einer gebratenen Lammkeule oder gegrilltem Fisch, z.B. Steinbutt, Heilbutt oder Seezunge.

Court-bouillon auf Algenbasis

Ergibt zwei Liter
Zubereitung: 5 Min.
Kochzeit: 25 Min.

3 EL	Algenflocken
2	Knoblauchzehen
1	Zwiebel
1	Schalotte
1	Karotte
2 EL	Algenessig (Rezept S. 174)
1	Bouquet garni*
	Koriandersamen
	grobes Salz und Pfeffer

Das Gemüse putzen, schälen, in grobe Stücke schneiden und in eine Kasserolle geben. Die restlichen Zutaten und 2 Liter Wasser dazugeben.

Aufkochen lassen und anschließend 25 Minuten auf kleiner Flamme weiter kochen lassen.

Tipp Diese Bouillon dient als Fischsud oder als Basis für Saucen.

Zwiebelkonfitüre
mit grünem Apfel und Wakame

Für vier Personen
Zubereitung: 20 Min.
Entsalzen: 20 Min.
Kochzeit: 1 Std. 15 Min.

60 g	Wakame
8	große Zwiebeln
3	grüne Äpfel
80 g	Butter
50 g	Honig
100 ml	Algenessig (Rezept S. 174)
	feines Salz
	frisch gemahlener Pfeffer

Wakame 15 bis 20 Minuten in kaltes Wasser legen, sorgfältig abspülen und in 2 cm große Stücke schneiden.
Den Backofen auf 210 °C (Gas Stufe 4) vorheizen. Die Zwiebeln einzeln in Alufolie wickeln und 45 Minuten im Backofen backen. Abkühlen lassen, schälen, in Streifen schneiden und in einem Sieb abtropfen lassen.
Äpfel schälen, vierteln und fein hacken. Die Butter in einem Topf auflösen, die Zwiebeln hineingeben und eine Viertelstunde dünsten.
Honig und Essig hinzugeben und mit Salz und Pfeffer würzen. 5 Minuten einkochen lassen, danach Äpfel und Wakame dazugeben und weitere 10 Minuten einkochen lassen.

Tipp Diese Zwiebelkonfitüre passt hervorragend zu Wild, Ente, Kalbsleber oder einer Gänseleberterrine.

wakame

Frischer Ziegenkäse mit Algen gewürzt

Für vier Personen
Zubereitung: 5 Min.
Reifung: 3 Tage

2 EL	gemischte Algenflocken
4	kleine frische Ziegenkäse
	frisch gemahlener Pfeffer

Käse mit Pfeffer bestreuen und in den Algenflocken wälzen. Käse auf einen Rost setzen und kühl stellen. Gelegentlich wenden, damit sie gut reifen können.

Tipp Dieses Rezept lässt sich auch mit einer einzigen Algenflockensorte herstellen: Dulse, Nori oder Meersalat.

Wein Ein Bergerac.

Frischer Ziegenkäse im Kombumantel

Für vier Personen
Entsalzen: 20 Min.
Reifung: 3 Tage

80 g	Kombu royal
2 EL	Algenflocken aus Meersalat
4	kleine frische Ziegenkäse
	frisch gemahlener Pfeffer

Kombu royal 15 bis 20 Minuten in kaltes Wasser legen, sorgfältig abspülen und in vier Stücke von je 22 cm Länge schneiden.
Jeden Käse mit Algenflocken etwas Pfeffer bestreuen, in ein Algenblatt wickeln und kühl stellen.
Käse täglich wenden und 3 Tage reifen lassen.

Tipp Probieren Sie zu den verschiedenen Käsesorten unterschiedliche Algenbrote.

Wein Ein Quincy.

Pickles mit Curry, Wakame, Möhren und Gurke

Für vier Personen
Zubereitung: 20 Min.
Einlegen: 2 Tage
Kochzeit: 6 Min.

150 g	Wakame
2	Bund Möhren
1	Gurke
1 TL	Currypulver
1 l	Marinade für Pickles (siehe Rezept unten)

Wakame 15 bis 20 Minuten in kaltes Wasser legen, sorgfältig abspülen und in 3 cm große Stücke schneiden.
Möhren schälen und kurz in kochendem Salzwasser blanchieren, sie sollen schön knackig bleiben. Abtropfen lassen und abschrecken.
Gurke der Länge nach halbieren, entkernen und in Stifte schneiden. Kurz in kochendem Salzwasser blanchieren, abtropfen lassen und abschrecken.
Gemüse, Curry und Wakame nacheinander in ein Glas schichten. Mit der Marinade aufgießen und vor dem Servieren 2 Tage ziehen lassen.

Marinade für Pickles

Für einen Liter Marinade
Zubereitung: 10 Min.
Kochzeit: 10 Min.

25 g	in hauchdünne Streifen geschnittener Knoblauch
1 EL	Koriandersamen
½ EL	schwarzer Pfeffer
1	Bouquet garni*
300 ml	Weißweinessig
800 ml	Wasser
100 g	Zucker
18 g	Salz

Zutaten mischen, 10 Minuten auf kleiner Flamme kochen lassen und anschließend abkühlen lassen.

Tipp Diese Marinade eignet sich auch für Pickles aus Kombu royal vermischt mit Blumenkohl: dafür benötigen Sie 150 g Kombu royal, einen Blumenkohl (in Röschen geteilt) und einen Bund Frühlingszwiebeln.

pickles

Mangochutney
mit Ananas und Dulse

Für vier Personen
Zubereitung: 25 Min.
Entsalzen: 20 Min.
Kochzeit: 30 Min.

30 g	Dulse
1	mittelgroße Ananas
2	Mangos
1	Banane
2	Zwiebeln
80 g	Butter
1	Vanilleschote
6 EL	Apfelessig mit Algen (Rezept S. 174)
	feines Salz
	frisch gemahlener Pfeffer

Dulse 15 bis 20 Minuten in kaltes Wasser legen, sorgfältig abspülen und in 1 cm große Stücke schneiden.

Ananas, Mangos und Banane schälen und jeweils in kleine Würfel schneiden. Zwiebeln schälen und fein hacken.

In einer Kasserolle Butter zergehen lassen und die gehackten Zwiebeln darin 3 Minuten glasig dünsten. Ananaswürfel und die der Länge nach aufgeschnittene Vanilleschote dazugeben.

Fünf Minuten köcheln lassen, anschließend Mango und Essig hinzugeben und auf sehr kleiner Flamme 15 Minuten weiter köcheln lassen.

Mit Salz und frisch gemahlenem Pfeffer abschmecken. Dulse und Banane hinzugeben, weitere 5 Minuten köcheln lassen und erneut abschmecken.

Tipp Reichen Sie dieses Chutney zu Täubchen, Ente, Schweinebraten oder gebratener Entenleber.

dulse

Algengewürz zum Grillen

Zubereitung: 10 Min.
Trocknen: 48 Std.

6 EL	Algenflocken
1	Bund Estragon
1	Bund Basilikum
10	Lorbeerblätter
20 g	Rosmarin
30 g	Thymian
20 g	Bohnenkraut
10 g	Salbei
2 EL	Koriandersamen
½ TL	Chilipulver oder Piment d'Espelette*
1 EL	schwarzer Pfeffer

Estragon, Basilikum und Lorbeerblätter trocknen. In getrocknetem Zustand alle Blätter zerkrümeln.
Rosmarin, Thymian, Bohnenkraut und Salbei auf einem Rost trocknen lassen und entblättern.
Pfeffer und Koriandersamen zerstoßen und Chilipulver und Algenflocken zufügen. Alle Zutaten miteinander gut vermischen und in eine luftdicht schließende Dose oder in ein dunkles Schraubglas füllen.

Tipp Diese Kräutermischung eignet sich für gegrilltes Geflügel und gegrillten Fisch. Man kann damit auch eine Bouillon, Saucen, Bratensaft und vieles mehr würzen.

Kräutersenf mit Algen

Für ein Glas
Zubereitung: 5 Min.
Einlegen: 2 Tage

6 EL	Algenflocken
1 Glas	Savora (Gewürzsenf aus Frankreich, ca. 190 g)
100 g	grobkörniger Senf (Moutarde de Meaux)
1 EL	Algenessig (Rezept S. 174)
1 TL	Fünf-Gewürze-Pulver

Algenflocken und Essig miteinander vermischen. Dann die beiden Senfsorten und das Fünf-Gewürze-Pulver untermischen und in Gläser abfüllen.
Vor dem Verwenden mindestens 2 Tage ziehen lassen.

Tipp Verwenden Sie diesen Algensenf, wenn Sie eine Vinaigrette oder Mayonnaise zubereiten wollen.

Mayonnaise mit Algen

Für vier Personen
Zubereitung: 5 Min.

1 EL	Algenflocken
4	Eigelb
400 ml	Sonnenblumenöl
1 EL	scharfer Senf
1 EL	Algenessig (Rezept S. 174)
	feines Salz
	frisch gemahlener Pfeffer

Eigelb mit Senf und etwas Salz und Pfeffer in einer Rührschüssel aufschlagen.
Öl nach und nach unter ständigem Rühren dazu geben, um die Mayonnaise aufzumontieren. Abschmecken und Algenflocken und Essig untermischen.

Tipp Reichen Sie diese Mayonnaise zu Fisch, kaltem Fleisch oder Spargel.

Joghurtsauce mit Dulse und Estragon

Für vier Personen
Zubereitung: 6 Min.

1 EL	Dulseflocken, getrocknet
350 g	Naturjoghurt (aus Vollmilch)
1 EL	Meerrettich
½ TL	scharfer Senf
1 EL	Algenessig (Rezept S. 174)
1	Estragonzweig
	feines Salz
	frisch gemahlener Pfeffer

Joghurt verquirlen.
Senf und Meerrettich miteinander vermischen und mit dem Essig anrühren. Mit Salz und Pfeffer würzen.
Joghurt untermischen und dann die Algenflocken und die klein gehackten Estragonblätter dazugeben.

Tipp Die Sauce passt hervorragend zu rohem Gemüse, geräuchertem Lachs oder frischen Sardinen.

Selleriesalz mit Dulse

Zubereitung: 10 Min.
Trocknen: 3 Tage

6 EL Dulseflocken, getrocknet
1 kg grobes Meersalz de Guérande*
250 g Knollensellerie

Das grobe Salz mit den Algenflocken mischen.
Sellerie schälen, in feine Scheiben schneiden und erst im Backofen bei niedriger Temperatur (70 °C, Gas Stufe 1) und dann an der frischen Luft trocknen. Anschließend im Mixer zerkleinern.
Selleriepulver und gemischtes Salz miteinander vermengen und kurz im Mixer zerstoßen. Das Salz in einer luftdicht verschlossenen Dose verwahren.

Tipp Streuen Sie das Salz auf Eier, Fisch oder Fleisch, vor oder nach dem Kochen.

Grobes Salz mit Meersalat

Für ein Kilo
Zubereitung: 5 Min.

8 EL Algenflocken aus Meersalat
1 kg grobes Meersalz de Guérande*

Das grobe Salz mit den Algenflocken mischen und in einem luftdicht verschlossenen Behälter verwahren.

Tipp Streuen Sie dieses Salz, je nach Geschmack, über Fischfilets oder Fleisch, über rohes Gemüse und geben Sie es in Salatsaucen.

Grobes Salz mit Algenflocken

Für ein Kilo
Zubereitung: 5 Min.

6 EL gemischte Algenflocken
1 kg grobes Meersalz de Guérande*

Grobes Salz mit den Algenflocken mischen und in einem luftdicht verschlossenen Behälter verwahren.

Tipp Verwenden Sie dieses Salz für Salzkrusten oder streuen Sie es über Fleisch oder Fisch.

Weißweinessig
mit Nori und Schalotten

Ergibt einen ½ Liter
Zubereitung: 10 Min.
Ruhezeit: 3 Tage

2 EL	Algenflocken aus Nori
3	graue, fein gehackte Schalotten*
375 ml	Weißweinessig
100 ml	Weißwein

In einer Kasserolle Weißwein aufkochen und die Algenflocken hineingeben. Die Kasserolle vom Herd nehmen und die Algenflocken eine Viertelstunde im Wein ziehen lassen.
Die grauen Schalotten sehr fein hacken. Alle Zutaten miteinander vermischen und in eine Flasche füllen. Vor dem Gebrauch an einem kühlen Ort drei Tage ziehen lassen.

Apfelessig
mit Algen

Ergibt einen ½ Liter
Zubereitung: 5 Min.
Ruhezeit: 3 Tage

3 EL	gemischte Algenflocken
1 TL	Honig
375 ml	Apfelessig
100 ml	Cidre oder Apfelsaft

Algenflocken und Honig in den Cidre geben und in einer Kasserolle aufkochen lassen. Vom Herd nehmen und eine Viertelstunde ziehen lassen.
Den Apfelessig dazugeben, gut verrühren und in eine Flasche füllen. An einem kühlen Ort drei Tage ziehen lassen.

nori

Algenöl

Ergibt einen Liter
Zubereitung: 5 Min.
Ruhezeit: 3 Tage

3 EL	Algenflocken
20 cm	getrocknete Kombu
1 l	Traubenkernöl
1	Lorbeerblatt
1	Thymianzweig
3	Gewürznelken

Alle Zutaten in eine Flasche füllen und vor dem Gebrauch mindestens drei Tage ziehen lassen.

Tipp Die Kombu sollte getrocknet oder zumindest fast trocken in die Flasche gesteckt werden.

kombu

Algenvinaigrette

Ergibt einen Liter
Zubereitung: 10 Min.
Ruhezeit: 1 Tag

3 EL	gemischte Algenflocken
1 EL	Dijonsenf
10 ml	Sherryessig
10 ml	Rotweinessig
400 ml	Walnussöl
1 l	Traubenkernöl
50 ml	Wasser
	feines Salz
	frisch gemahlener Pfeffer

Das Wasser leicht erwärmen und eine Prise Salz, eine Messerspitze Pfeffer, Senf, Essig und Algenflocken hineingeben. **M**it einem Schneebesen aufschlagen und zunächst das Walnussöl und anschließend das Traubenkernöl unterrühren. Abschmecken, in eine Flasche füllen und vor dem Gebrauch an einem kühlen Ort drei Tage ziehen lassen.

Tipp Verwenden Sie diese Vinaigrette für Salate, Gemüse und als Sauce zu in Dampf gegartem Fisch.

Vanille-Flans
mit Agar-Agar

Für vier Personen
Zubereitung: 10 Min.
Kühl stellen: 2 Std.
Kochzeit: 10 Min.

1 TL	Agar-Agar (Pulver)
1 l	Milch
160 g	Zucker
2	Vanilleschoten, möglichst aus Tahiti*

Milch mit den der Länge nach aufgeschlitzten Vanilleschoten erhitzen und die Vanille 8 Minuten in der Milch ziehen lassen. Agar-Agar und Zucker hinzugeben und zum Kochen bringen. 6 Minuten köcheln lassen, dabei immer wieder vorsichtig mit einem Schneebesen umrühren.

Durch ein Spitzsieb streichen, dabei Schaumbildung vermeiden, und die Mischung anschließend in kleine Formen oder durchsichtige Gläser füllen. Stocken lassen und kühl stellen.

Tipp Flans kurz vor dem Servieren mit frischen Himbeeren garnieren.

Wein Ein Jurançon.

agar-agar

Fruchtgelee mit Agar-Agar
aus Zitrusfrüchten und Äpfeln

Für vier Personen
Zubereitung: 30 Min.
Kühl stellen: 2 Std.
Kochzeit: 45 Min.

½ TL	Agar-Agar (Pulver)
5	Äpfel, z.B. Granny Smith
3	unbehandelte Orangen
3	unbehandelte Grapefruits
300 ml	Wasser
150 g	Zucker
65 g	brauner Zucker
	Minze

Äpfel schälen und in kleine Stücke schneiden. In einer Kasserolle mit 3 Esslöffeln Wasser zu Kompott kochen und dieses anschließend passieren.

Orangen- und Grapefruitschale in feine Streifen schneiden. Die Streifen blanchieren, abtropfen lassen und 45 Minuten auf kleiner Flamme mit 150 ml Wasser und 150 g Zucker einkochen lassen.

Grapefruits und Orangen schälen und filetieren, dabei den Saft auffangen. Wasser, 50 ml Saft und den braunen Zucker mischen. Agar-Agar unterrühren, den Saft aufkochen lassen und unter ständigem Rühren 5 Minuten köcheln lassen.

Auf vier Glasschüsselchen zunächst das Apfelkompott verteilen. Den Sirup 1 cm hoch darüber gießen und gelieren lassen.

Die filetierten Grapefruit- und Orangenviertel darüber verteilen. Mit dem Sirup aufgießen und zum Gelieren kühl stellen. Mit den Streifen aus der Schale und kleinen Minzeblättchen garnieren.

Tipp Wählen sie rosa und rote Grapefruits, da sie geschmackvoller sind als die gelben.

Wein Ein lieblicher Pacherenc du Vic-Bilh.

orangen

Milchflans
mit Tonkabohnen

Für vier Personen
Zubereitung: 10 Min.
Kühl stellen: 2 Std.
Kochzeit: 10 Min.

1 TL	Agar-Agar (Pulver)
1 l	Milch
160 g	Zucker
3	Tonkabohnen*
50 ml	Himbeercoulis

Die Milch mit den in Stücke geschnittenen Tonkabohnen erhitzen. Den Topf vom Herd nehmen und die Tonkabohnen 10 Minuten in der Milch ziehen lassen. Agar-Agar und Zucker zufügen, aufkochen lassen und anschließend unter ständigem Rühren 6 Minuten köcheln lassen.
Mischung durch ein Sieb streichen, dabei Schaumbildung vermeiden und in kleine Förmchen oder Gläser gießen. Zum Stocken kühl stellen.
Kurz vor dem Servieren mit etwas Himbeercoulis garnieren.

Tipp Tonkabohnen sind relativ schwer erhältlich, daher kann man sie auch durch zerstoßene Kaffeebohnen oder 4 EL Instantkaffee ersetzen.

Wein Ein Riesling.

tonka-
bohne

Ananasgelee
mit Agar-Agar und Safran

Für vier Personen
Zubereitung: 20 Min.
Kühl stellen: 2 Std.
Kochzeit: 10 Min.

1 TL	Agar-Agar (Pulver)
1	Ananas
500 ml	Wasser
100 g	Zucker
	gemahlener Safran

Ananas schälen und das Fruchtfleisch in Würfel schneiden. 500 ml Wasser und 100 g Zucker in einer Kasserolle aufkochen lassen. Ananas und Agar-Agar hineingeben und 8 Minuten köcheln lassen.

Von dem Ananaswasser 100 ml zur Seite stellen, mit 2 Messerspitzen Safran mischen und 5 Minuten ziehen lassen.

Ananaswürfel abtropfen lassen und die Hälfte davon mit dem Safransaft mischen. Durch ein Sieb streichen und mit der anderen Hälfte Ananaswürfel mischen.

Die Ananasmischung in vier kleine Formen füllen und gelieren lassen. Mit etwas Safransaft begießen und kalt stellen.

Tipp Verwenden Sie statt des Safrans einmal Minze oder Rum.

Wein Ein Muscat de Beaumes-de-Venise.

ananas

Exotische Frucht-Mousse
mit Agar-Agar

Für vier Personen
Kühl stellen: 2 Std.
Kochzeit: 5 Min.

½ TL	Agar-Agar (Pulver)
150 g	Passionsfrucht
150 g	Mangofruchtfleisch
50 ml	Kokosmilch
400 ml	Sahne

Die Passionsfrüchte halbieren und den Saft und das Fruchtfleisch auslöffeln: es sollte 125 g ergeben.

Das Fruchtfleisch der Passionsfrüchte mit dem Agar-Agar in einer Kasserolle erwärmen und 5 Minuten auf kleiner Flamme köcheln lassen. Anschließend das Mangofruchtfleisch und die Kokosmilch zufügen.

Die Sahne steif schlagen und unter die exotische Fruchtmischung heben. In eine große Schüssel oder in einzelne Gläser füllen und an einem kühlen Ort gelieren lassen.

mango

Tipp Dekorieren Sie die Gläser mit etwas Passionsfruchtfleisch.

Wein Ein Bonnezeaux.

kokosnuss

Mürbeteiggebäck
mit Algenflocken und Fleur de Sel

Für vier Personen
Zubereitung: 20 Min.
Kühl stellen: 2 Std.
Backzeit: 12 Min.

2 EL gemischte Algenflocken
400 g Mehl
375 g Butter
200 g Puderzucker
Fleur de Sel de Guérande*

Das Mehl sieben. Weiche Butter mit Puderzucker, Algenflocken und einer Messerspitze Fleur de Sel mischen. Das Mehl untermischen, kurz durchkneten und den Teig 2 Stunden ruhen lassen.

Auf einer mit Mehl bestäubten Arbeitsplatte den Teig 1 cm dick ausrollen und mit einer runden Form (6–8 cm Durchmesser) einzelne Plätzchen ausstechen und mit Manschetten versehen.

Den Backofen auf 200 °C (Gas Stufe 3–4) vorheizen. Die Plätzchen mit den Manschetten auf ein Backblech legen und 6 Minuten im Backofen backen. Danach die Temperatur auf 180 °C (Gas Stufe 3) reduzieren und die Plätzchen weitere 12 Minuten backen. Auf einem Rost abkühlen lassen und die Manschetten entfernen.

Tipp Die Manschetten sind wichtig, da der Teig während des Backens zunächst weich wird und dann aufgeht. Probieren Sie dieses Rezept auch einmal ohne Algenflocken und verwenden Sie dafür gesalzene Butter.

Wein Ein Barsac.

Mürbeteiggebäck mit Algen
und Eis aus karamellisierter Milch

Für vier Personen
Zubereitung: 30 Min.
Kühl stellen: 2 Std.
Backzeit: 10 Min.

Für den Mürbeteig:

4 TL	Algenflocken aus Meersalat
225 g	weiche Butter
125 g	Puderzucker
60 ml	Sahne
125 g	gemahlene Mandeln
375 g	Mehl
1	Bio-Ei (oder aus Freilandhaltung)
	feines Salz

Für das Eis:

200 g	Confiture de Lait (karamellisierte, gezuckerte Milch) oder gezuckerte Kondensmilch (aus der Tube)
750 ml	Milch
100 g	Zucker
9	Eigelb
	Fleur de Sel de Guérande*

Für den Mürbeteig: Weiche Butter mit dem Puderzucker mischen und Sahne, Algenflocken und eine Messerspitze Salz untermischen. Anschließend das Mehl und die gemahlenen Mandeln dazugeben und zu einem Teig verkneten, der 2 Stunden ruhen muss.

Den Teig 5 mm dick ausrollen und mit dem leicht verquirlten Ei bestreichen. Etwas Fleur de Sel darüber streuen und runde Plätzchen mit einem Durchmesser von 4 bis 6 cm ausstechen.

Den Backofen auf 180 °C (Gas Stufe 3) vorheizen. Die kleinen Plätzchen auf ein Backblech legen und 6 Minuten backen. Danach die Temperatur auf 160 °C (Gas Stufe 2–3) reduzieren und die Plätzchen weitere 4 Minuten backen. Auf einem Rost auskühlen lassen.

Für das Eis: Die Eigelb mit dem Zucker schaumig schlagen. Die heiße Milch und die Confiture de Lait unterrühren und die Mischung im Wasserbad erhitzen, ohne dass sie kocht.

Durch ein Spitzsieb streichen und in eine Eismaschine füllen. Kurz vor dem Gefrieren eine Prise Fleur de Sel untermischen. Bis zum Servieren im Eisfach aufbewahren und dazu das Mürbeteiggebäck reichen.

Tipp Die Confiture de Lait finden Sie in französischen Feinkostgeschäften. In luftdicht verschlossenen Dosen hält sich das Gebäck ein paar Tage.

Wein Ein Pineau des Charentes.

Rhabarberkompott mit Äpfeln,
dazu lauwarme Madeleines

Für vier Personen
Zubereitung: 50 Min.
Kochzeit: 20 Min.

4	grüne Äpfel, z.B. Granny Smith
1,5 kg	Rhabarber
500 g	Erdbeeren
350 g	Streuzucker
4 EL	Johannisbeergelee
6 EL	Crème fraîche

Für den Teig der Madeleines:

90 g	Mehl
2,5 g	Backpulver
75 g	Zucker
2	Eier
10 g	Honig
90 g	Butter
1 Msp	feines Salz

Für den Teig der Madeleines: Butter schmelzen lassen. Zucker, Eier, flüssigen Honig und Salz miteinander verrühren, Mehl und Backpulver unterheben und schließlich die Butter einarbeiten.

Äpfel schälen, vierteln und in kleine Stücke schneiden. Rhabarber schälen und in kleine, 4 cm lange Stücke schneiden. Rhabarber und Zucker in eine große Kasserolle geben und warten, bis der Rhabarber Saft zieht.

Nach fünf Minuten Kochzeit die Rhabarberstücke herausnehmen und den Saft einkochen lassen. Das Johannisbeergelee und die kleinen Apfelstückchen hinzugeben und 5 Minuten garen lassen. Die Rhabarberstücke wieder dazugeben, weitere 5 Minuten garen lassen, den Topf vom Herd nehmen und das Kompott abkühlen lassen.

Den Backofen auf 200 °C (Gas Stufe 3–4) vorheizen. Eine Madeleineform (notfalls geht auch eine Muffinform, diese dann aber nicht ganz füllen) buttern und mit Mehl bestäuben. Mit einem Löffel oder einer Teigspritze den Teig in die Mulden füllen und 6 Minuten im Backofen backen. Auf einem Rost abkühlen lassen.

Die Erdbeeren mit einer Gabel zerdrücken und in eine große durchsichtige Schüssel geben. Mit Crème fraîche bedecken und darüber das Rhabarberkompott füllen. Das Dessert mit den noch lauwarmen Madeleines servieren.

Tipp Wenn Sie die Madeleines aus dem Backofen geholt haben, warten Sie noch drei Minuten mit dem Stürzen. Der Rhabarber sollte ganz frisch und knackig sein.

Wein Ein halbtrockener Champagner.

Schokoladenflan
mit Sirup aus bitterem Kaffee

Für vier Personen
Zubereitung: 15 Min.
Kühl stellen: 2 Std.
Kochzeit: 10 Min.

1 TL	Agar-Agar (Pulver)
140 g	Schokolade (70% Kakaoanteil)
20 g	Kakaopulver
80 g	Zucker
1 l	Milch

Für den Sirup aus bitterem Kaffee:

1 Msp.	ca. ½ TL Agar-Agar
5 g	Instantkaffee
100 ml	Wasser

In einem Topf die Milch erwärmen und die in kleine Stücke geschnittene Schokolade und das Kakaopulver einrühren. Anschließend Agar-Agar und Zucker untermischen. Unter ständigem Rühren mit einem Schneebesen 6 Minuten auf kleiner Flamme köcheln lassen. Durch ein Spitzsieb gießen, in kleine Glastassen füllen und gelieren lassen.

Für den Sirup: Kaffeepulver in 100 ml Wasser auflösen, Agar-Agar hinzugeben und 5 Minuten auf kleiner Flamme köcheln lassen. Den Sirup 4 mm hoch auf den Flan gießen und kühl stellen.

Tipp Nehmen Sie statt Wasser lieber frischen Kaffee. Dekorieren Sie das Dessert mit ganzen Kaffeebohnen.

Wein Ein roter Collioure oder ein Côtes-du-Roussillon.

schokolade

Mandeltörtchen
mit Walderdbeeren

Für vier Personen
Zubereitung: 35 Min.
Kühl stellen: 30 Min.

2	Körbchen Walderdbeeren (ca. 250 g)
125 g	Zucker
125 g	Mandelblättchen
125 g	Schmant
100 ml	Sahne
2 EL	Kirschschnaps
3 EL	Mandelmilch
125 g	Butter
1	Vanilleschote

Für die Mandelcharlotte: Zucker, Vanille und weiche Butter schaumig rühren. Von den Mandelblättchen etwa die Hälfte zur Dekoration beiseite stellen. Den Rest mit dem etwas aufgeschlagenen Schmant und dem Kirschwasser hinzugeben. Aus Butterbrotpapier vier Manschetten mit einem Durchmesser von jeweils 8 bis 9 cm herstellen und mit der Mischung füllen. 30 Minuten in den Kühlschrank stellen.

Sahne und Mandelmilch mit einem Schneebesen steif schlagen und auf die Mandelmischung streichen. Anschließend die kleinen Törtchen mit Erdbeeren belegen. Auf Teller verteilen, die Manschetten abnehmen und mit den beiseite gestellten Mandelblättchen umlegen.

Tipp Probieren Sie dieses Rezept auch einmal mit Himbeeren statt der Walderdbeeren.

Wein Ein Saint-Croix-du-Mont.

mandeln

Victoria-Ananas-Variationen

Für vier Personen
Zubereitung: 45 Min.
Einfrieren: 1 Stunde
Kochzeit: 10 Min.

4	kleine Ananas (Victoria-Ananas)
40 g	Zucker
40 g	Butter
4	Vanilleschoten

Für das Ananas-Püree:

1	große, reife Ananas
180 g	Zucker
400 ml	Wasser

Für die Ananascreme:

300 g	Ananaspüree
60 g	Zucker
100 ml	Kokosmilch
6	Eigelb
3 EL	Rum

Für das Ananassorbet:

	Saft einer Zitrone
450 g	Ananaspüree
100 ml	Ananassirup (Kochflüssigkeit)
80 g	Zucker

Die große Ananas schälen, die Augen entfernen, das Fruchtfleisch in kleine Stücke schneiden und diese auf kleiner Flamme 8 Minuten in 400 ml Wasser und 150 g Zucker einkochen. Dieses Püree dient als Grundlage sowohl für das Sorbet als auch für die Creme.

Für das Ananassorbet: Alle Zutaten mischen, durch ein Spitzsieb streichen und in eine Eismaschine geben. Im Eisfach des Kühlschranks oder im Tiefkühlgerät aufbewahren.

Für die Ananascreme: Ananaspüree mit der Kokosmilch und dem Rum mischen. Die Eigelb mit dem Zucker schaumig schlagen und unter die Ananasmischung heben. Die Creme im Wasserbad vorsichtig erwärmen und mit einem Holzlöffel solange umrühren, bis die Creme am Löffel haften bleibt. Vom Herd nehmen und durch ein Spitzsieb streichen.

Die vier kleinen Ananas schälen, aber am Stück belassen. Die Vanilleschoten aufschlitzen, halbieren und jeweils eine Ananas damit spicken. In einer heißen Pfanne die Ananas mit der Butter und dem Zucker von jeder Seite 8 Minuten leicht anbräunen, dabei immer wieder mit dem Saft begießen, damit sie karamellisieren. Auf jeden Teller eine mit Vanille gebratene Ananas Victoria geben, mit der Creme garnieren und daneben einen Nocken Sorbet legen.

Tipp Für das Sorbet und die Creme können Sie auch tiefgefrorenes Ananasfruchtfleisch verwenden, wenn frische Ananas schwierig zu bekommen ist.

Wein Ein Monbazillac.

Warmer Maronenkuchen

Für vier Personen
Zubereitung: 25 Min.
Backzeit: 30 Min.

100 g	weiße Schokolade
200 g	Butter
150 g	Maronencreme
6	Eier
45 g	Mehl
45 g	Maronenmehl
100 g	Zucker
150 g	glasierte Maronen (Esskastanien)

Im Wasserbad die weiße Schokolade mit der Butter schmelzen lassen und die Maronencreme unterrühren.

Die Eier mit dem Zucker schaumig schlagen und unter die geschmolzene Schokolade heben. Anschließend vorsichtig das vorher miteinander vermischte Mehl unterheben.

Den Backofen auf 220 °C (Gas Stufe 4–5) vorheizen. Die Mischung in eine gebutterte und mit Mehl bestäubte runde Backform geben und mit kleinen glasierten Maronenstückchen bestreuen.

In den Backofen schieben und 8 Minuten backen, danach die Temperatur auf 180 °C (Gas Stufe 3) reduzieren und weitere 14 bis 18 Minuten backen.

Tipp Servieren Sie dazu eine Kugel Maronen- oder Vanilleeis.

Wein Ein roter Roussillon oder ein Minervois.

Knusprige Mandeltaler
mit Himbeeren und Rosenduft

Für vier Personen
Zubereitung: 30 Min.
Backzeit: 8 Min.

2	Körbchen Himbeeren (300 g)
100 ml	Himbeercoulis
	Rosenblätter

Für die Rosensahne:

200 ml	Sahne
2 EL	Rosensirup
20 g	Puderzucker

Für die Mandeltaler:

30 g	Himbeerpüree
50 g	Butter
30 g	Mehl
65 g	gehackte Mandeln
125 g	Zucker

Für das Gebäck: Die Butter schmelzen und in einer Schüssel Himbeerpüree mit Zucker mischen, Mehl und gehackte Mandeln hinzugeben und schließlich die geschmolzene Butter unterrühren.

Den Backofen auf 180 °C (Gas Stufe 3) vorheizen. Mithilfe eines Esslöffels den Teig als kleine runde Taler auf einem eingefetteten Backblech verteilen. 8 Minuten im Backofen backen, das Blech aus dem Backofen holen und die Taler zunächst abkühlen lassen und dann erst vom Blech lösen.

Die Himbeeren verlesen, nicht waschen.

Die gekühlte Sahne steif schlagen. 2 Esslöffel Rosensirup und 20 g Puderzucker untermischen.

Auf jeden Teller einen Mandeltaler legen, einen Löffel Rosensahne und Himbeeren darauf geben, einen weiteren Taler darauf legen und den ganzen Vorgang wiederholen. Mit einem Mandeltaler abschließen.

Mit Himbeercoulis (frischer Saft aus Himbeeren) und ganz dünn mit Rosensirup umgießen und mit Rosenblättern garnieren.

Tipp Je nach Jahreszeit können Sie auch Walderdbeeren statt der Himbeeren nehmen.

Wein Ein Cabernet-d'Anjou.

himbeeren

Crème brûlée
mit Eisenkraut

Für vier Personen
Zubereitung: 15 Minuten
Backzeit: 1 Std.

1	Bund frisches Eisenkraut
60 g	brauner Zucker
160 g	feiner Zucker
6	Eier
6	Eigelb
750 ml	Milch
250 ml	Sahne

Das Eisenkraut 20 Minuten in heißer Milch ziehen lassen und anschließend die Sahne hinzugeben. Die Eier mit Eigelb und dem feinen Zucker mischen. Milch und Sahne unterrühren und durch ein Spitzsieb gießen.

Den Backofen auf 160 °C (Gas Stufe 2–3) vorheizen. Die Mischung in eine flache runde Form aus Porzellan gießen und im Wasserbad 40 Minuten stocken lassen. Oder füllen Sie die Crème in vier kleine Förmchen und backen sie ca. 20 Minuten. Überprüfen Sie mit einer Messerspitze, ob die Masse fest ist, anschließend aus dem Backofen holen und abkühlen lassen.

Gleichmäßig mit dem braunen Zucker bestreuen und mit einem Gasbrenner oder unter dem sehr heißen Grill des Backofens bräunen. Vorsicht der Zucker verbrennt leicht!

Tipp Probieren Sie die Crème brûlée statt mit Eisenkraut auch einmal mit Minze oder Limettenschale, die Sie vorher in der Milch ziehen lassen.

Wein Ein Champagner oder ein Eisenkrauttee.

eisenkraut

Joghurt-Sorbet mit Basilikum

Für vier Personen
Zubereitung: 10 Min.
Kochzeit: 2 Min.
Gefrieren: 1 Std.

500 g	Naturjoghurt aus Vollmilch
250 g	Zucker
225 ml	Wasser
30	Basilikumblätter
1	Zitrone (Saft)

Zucker und Wasser zu einem Sirup einkochen. Abkühlen lassen, Basilikumblätter hinzugeben und pürieren. Abschließend Joghurt und Zitronensaft untermischen.
In eine Eismaschine geben und im Tiefkühlfach erstarren lassen.

Tipp Servieren Sie das Sorbet mit geschmolzener Schokolade.

Wein Ein Pineau des Charentes ruby.

Joghurt-Sorbet mit Safran

Für vier Personen
Zubereitung: 5 Min.
Kochzeit: 2 Min.
Gefrieren: 1 Std.

500 g	Naturjoghurt aus Vollmilch
250 g	Zucker
225 ml	Wasser
1	Zitrone (Saft)
	etwas Safranpulver
	Safranfäden

Zucker und Wasser zu Sirup einkochen und Safranpulver und Safranfäden darin ziehen lassen. Nach dem Abkühlen mit Joghurt und Zitronensaft mischen.
In eine Eismaschine geben und im Tiefkühlfach gefrieren lassen.

Tipp Reichen Sie frische Ananas zu diesem Sorbet.

Sorbet aus Naturjoghurt

Für vier Personen
Zubereitung: 5 Min.
Kochzeit: 2 Min.
Gefrieren: 1 Std.

500 g	Naturjoghurt aus Vollmilch
250 g	Zucker
225 ml	Wasser
2	Zitronen (Saft)

Zucker und Wasser zu Sirup einkochen. Abkühlen lassen und mit Joghurt und Zitronensaft mischen.
In eine Eismaschine geben und im Tiefkühlfach gefrieren lassen.

Tipp Diese Sorbets lassen sich schnell zubereiten und schmecken sehr gut mit Früchten der Saison.

Schokoladeneis mit Honig

Für vier Personen
Zubereitung: 15 Min.
Gefrieren: 1 Std.
Kochzeit: 8 Min.

75 g	Schokolade (mit 70% Kakaoanteil)
55 g	Kakaopulver
75 g	Zucker
75 g	Honig
4	Eigelb
500 ml	Milch

Schokolade grob raspeln.
Milch, Honig und Kakaopulver in einer Kasserolle erwärmen. Eigelb und Zucker schaumig rühren und über die Milch gießen.
Unter ständigem Rühren auf kleiner Flamme erwärmen, bis die Masse am Rührlöffel haften bleibt. Vom Herd nehmen und die geraspelte Schokolade untermischen, bis diese geschmolzen ist.
Die abgekühlte Mischung in eine Eismaschine geben und im Tiefkühlfach gefrieren lassen.

Tipp Wählen Sie ungezuckertes Kakaopulver.

Wein Ein Maury.

Gebratene Aprikosen
mit Mohn

Für vier Personen
Zubereitung: 25 Min.
Kochzeit: 8 Min.

8	große Aprikosen
60 g	Zucker
60 g	Mehl
80 g	geriebene Mandeln
60 g	Mandelblättchen
2 EL	Mohnsamen
80 g	Schmant oder Sauerrahm
2	Eigelb
45 g	Butter
	Mohnblüten zur Dekoration

Eigelb und Zucker schaumig schlagen und anschließend Schmant, Mehl und geriebene Mandeln unterrühren.

Den Backofen auf 200 °C (Gas Stufe 4) vorheizen. Die Aprikosen halbieren, entkernen und reichlich mit der Mandelcreme füllen. Auf ein tiefes Backblech setzen und mit Mandelblättchen und Mohn bestreuen.

Zwei Esslöffel Wasser und 45 g Butter in die Backform geben und 8 Minuten im Backofen backen lassen. Anschließend 5 Minuten ruhen lassen.

Jeweils vier halbe Aprikosen auf einen Teller legen und mit dem eigenen Saft und einer Mohnblüte garnieren.

Tipp Wählen Sie große Aprikosen, die nicht zu reif sind und reichen Sie dazu Vanilleeis.

Wein Ein Coteaux de l'Aubance oder ein halbtrockener Vouvray.

aprikose

Mango und Banane im Mantel

Für vier Personen
Zubereitung: 10 Min.
Backzeit: 15 Min.

4	Bananen
2	Mangos
1	unbehandelte Orange, die Schale davon
2 EL	Streuzucker
40 g	Butter
1 EL	Erdnussöl
2	Vanilleschoten

Den Backofen auf 225 °C (Gas Stufe 4–5) vorheizen. Bananen und Mangos schälen. Das Mangofruchtfleisch in große Stücke schneiden.

Aus Backpapier vier Quadrate zurechtschneiden und auf jedes eine Banane, etwas Mangofleisch, ½ Esslöffel Zucker, ½ längs eingeritzte Vanilleschote, ein walnussgroßes Stück Butter sowie zwei Streifen Orangenschale legen.

Das Backpapier fest um das Obst verschließen und die Päckchen mit einem Pinsel mit Öl bestreichen. Auf ein sehr heißes Backblech setzen und 12 bis 15 Minuten im Backofen backen.

Tipp Servieren Sie dazu eine Kugel Vanilleeis oder Kokosnuss-Sorbet.

Wein Ein Coteaux du Layon.

mango

Überbackene Pfirsiche
mit Lavendelblüte

Für vier Personen
Zubereitung: 25 Min.
Kochzeit: 25 Min.

6	Pfirsiche
100 g	Mehl + 10 g (für die Form)
40 g	geriebene Mandeln
10 g	Backpulver
150 g	Zucker
2	Eier
100 g	Butter + 10 g (für die Form)
125 g	steif geschlagene Sahne
3 EL	Tortenguss
½ TL	Lavendelblüten

Pfirsiche schälen, halbieren, entkernen und in eine gebutterte und mit Mehl bestäubte Form setzen.

Den Backofen auf 200 °C (Gas Stufe 3–4) vorheizen. Die Eier mit dem Zucker schaumig rühren. Mehl, geriebene Mandeln und Backpulver unterrühren und anschließend die geschmolzene Butter und die geschlagene Sahne dazugeben und die Mischung über die halben Pfirsiche gießen.

Im Backofen 10 Minuten backen und danach die Temperatur auf 180 °C (Gas Stufe 3) reduzieren. Weitere 15 Minuten backen und anschließend außerhalb des Backofens etwas abkühlen lassen.

In einer Kasserolle den Tortenguss in 1 Esslöffel Wasser auflösen. Die Lavendelblüten dazugeben und die überbackenen Pfirsiche mithilfe eines Pinsels damit bestreichen.

Tipp Je nach Jahreszeit können Sie statt der Pfirsiche auch Äpfel, Aprikosen oder Kirschen nehmen.

Wein Eine Riesling Auslese.

pfirsich

Warmes Soufflé
mit Kokosnuss und Pistazien

Für vier Personen
Zubereitung: 30 Min.
Kochzeit: 25 Min.

20 g	Mehl
25 g	Stärkemehl
180 g	Puderzucker
40 g	Rohzucker
120 g	geriebene Kokosnuss
80 g	Pistazien
500 ml	Milch
6	Eier, getrennt
2	Eiweiß
30 g	Butter

Für das Soufflée: Milch mit der geriebenen Kokosnuss erwärmen. 6 Eigelb mit 100 g Puderzucker schaumig schlagen, anschließend Mehl und Stärkemehl einrühren und gut mischen. Die Milch darüber gießen und alles zusammen 5 Minuten unter ständigem Rühren mit einem Schneebesen köcheln lassen. Schließlich die zerstoßenen Pistazien untermischen.

Eine große Souffléform (möglichst aus Porzellan) mit weicher Butter ausstreichen und mit dem Rohzucker bestäuben.

Den Backofen auf 200 °C (Gas Stufe 4) vorheizen. 8 Eiweiß mit 80 g Zucker zu Eischnee schlagen und vorsichtig unter die Soufflémischung heben. Sofort in die Form geben, 18 bis 25 Minuten backen und gleich servieren.

Tipp Rühren Sie 3 Esslöffel Rum oder Malibu unter die Soufflémischung.

Wein Ein Sekt von der Loire oder ein halbtrockener Champagner.

pistazien

Pochierte Birnen
mit Jasmin und Champagner-Sabayon

Für vier Personen
Zubereitung: 30 Min.
Kochzeit: 15 Min.

8	Birnen
200 g	Zucker
2 EL	Jasminblüte (oder 3 EL getrocknete Jasminblüten, erhältlich im Gewürze- und Kräuterfachhandel)

Für den Sabayon:

100 g	Zucker
6	Eigelb
100 ml	Champagner
250 g	steif geschlagene Sahne

Birnen schälen und halbieren. Die Birnen in 1,5 Liter Wasser mit 200 g Zucker und den Jasminblüten 12 Minuten auf kleiner Flamme pochieren und anschließend im Sud abkühlen lassen.

Für den Sabayon: Champagner aufkochen lassen. Eigelb und Zucker schaumig schlagen und solange mit einem Schneebesen in den heißen Champagner einrühren, bis sich das Volumen verdoppelt hat. Abkühlen lassen und vorsichtig die steif geschlagene Sahne unterheben, ohne dass der Sabayon in sich zusammenfällt.

Die halben Birnen auf Teller verteilen, mit dem Sabayon begießen und mit den abgetropften Jasminblüten garnieren.

Tipp Die Birnen schon am Vortag pochieren und über Nacht in ihrem Sirup belassen. Wählen Sie nicht zu reife Birnen, z.B. Conference oder Clairgeau.

Wein Ein Champagner rosé.

birnen

Grapefruits in Muskateller
mit einem Sorbet aus Grapefruits

Für vier Personen
Zubereitung: 30 Min.
Gefrieren: 1 Std.
Kochzeit: 45 Min.

6	Grapefruits, unbehandelt
150 ml	Muskateller Beaumes-de-Venise
	Minze

Für das Grapefruit-Sorbet:

400 ml	Grapefruitsaft
400 g	Zucker
400 ml	Milch
100 ml	Wasser

Für die Schalen:

200 g	Zucker
250 ml	Wasser

Für das Sorbet: Wasser und Zucker erhitzen, die Milch hinzugeben und wieder abkühlen lassen. Den Grapefruitsaft hinzugeben, die Masse in eine Eismaschine geben und im Tiefkühlfach gefrieren lassen.

Die fein gehackte Schale zweier Grapefruits zweimal in kochendem Wasser blanchieren und anschließend auf kleiner Flamme 40 Minuten in einer Mischung aus Wasser und Zucker einkochen.

Grapefruits schälen und filetieren.

Die Grapefruitschnitze sternförmig in tiefen Tellern anrichten. Mit dem Muskateller und etwas Grapefruitsaft beträufeln und mit den eingekochten Schalen und den in feine Streifen geschnittenen Minzeblättern bestreuen. In die Mitte jeweils einen Nocken Sorbet geben und sofort servieren.

Tipp Die Muskateller Rivesaltes oder Lunel passen ebenso gut zur Grapefruit. Ein sehr erfrischendes Dessert nach einer reichhaltigen Mahlzeit.

Wein Ein Muskateller Beaumes-de-Venise.

grapefruit

Warenkunde & Glossar

Vor drei Milliarden Jahren waren die Algen die ersten photosynthetischen Organismen auf unserem Planeten. Aus mikroskopisch kleinen blauen Algen entwickelten sich bis zum heutigen Tag etwa 30 000 verschiedene Arten, von denen einige essbar sind.

Ein unglaublich reichhaltiges Nahrungsmittel

Die Meeresalgen konzentrieren in ihrem Gewebe die meisten der im Wasser vorkommenden Elemente (Mineralien in ihrer Form als Makroelemente oder Spurenelemente, Aminosäuren und Vitamine), die für den Organismus lebensnotwendig sind, häufig aber in unserer allzu kalorienreichen und vitaminarmen Nahrung fehlen. Durch die außergewöhnliche Anreicherung der Substanzen in den Algen (beispielsweise enthält die Hijiki bis zu 34 % Mineralien, die Nori bis zu 35 % Eiweiß) sind sie im Hinblick auf unsere Gesundheit eine ideale Nahrungsergänzung, zumal der Organismus diese Stoffe aus in kleinen Mengen verzehrten getrockneten oder rohen Algen leichter aufnehmen kann als aus Pharmazeutika. Ergänzend sollte hinzugefügt werden, dass viele Algen stimulierende, reinigende, revitalisierende, ausgleichende und entschlackende Eigenschaften besitzen.

Empfehlenswert ist eine regelmäßige Aufnahme von kleinen Mengen frischer bzw. getrockneter Algen. Die Angaben zu den Jodgehalten auf der Verpackung sind dabei zu beachten.

Algen – im Gegensatz zu Muscheln – filtern das Meerwasser nicht, sondern nehmen die für uns wichtigen Substanzen durch Absorption auf. Deshalb bestimmt die Sauberkeit des Meereswassers, in dem die Algen vorkommen (in Europa vor allem in der Bretagne) ihre Qualität: Die Ernte und die Kultur der Algen sind strikten, vom Gesetz geregelten Kontrollen unterworfen (in punkto Jod- und Schwermetallgehalt); auch die aus Japan importierten Produkte werden eingehend kontrolliert.

Ernte oder Kultur?

Japan, China und Korea – die Länder, in denen Algen schon seit Jahrhunderten zum festen Bestandteil der Ernährung gehören – sind weltweit mit 80 bis 90% der Gesamtproduktion die wichtigsten Algenproduzenten, wichtiger als die Philippinen, Nordkalifornien, Kanada, Chile, Peru, Mexiko, Polynesien, Frankreich, England, Irland und Spanien zusammen. Die Algenzucht in Deutschland ist dazu noch vergleichsweise bescheiden: auf Sylt werden in der Wattenmeerstation List Rotalgen (Palmaria) und Braunalgen (Laminaria) gezüchtet. Diese Algokultur wird in Meerwassertanks oder an Seilen im Meer durchgeführt.

Aus Tradition dominiert in Frankreich die Ernte. Seit der Verordnung von Colbert im Jahr 1681 ist die Algenernte ein Monopol der so genannten Goémoniers (Algenfischer), die zumeist gleichzeitig Küstenfischer oder bretonische Austernzüchter sind. Die Algenernte erfolgt zu Fuß oder vom Boot aus mit speziellen Greifzangen, mit denen die Algen auch aus großer Tiefe heraufgeholt werden können. Etwas Besonderes ist die Ernte der Wakame, die 1971 zufällig mit einer japanischen Austernart in den Etang de Thau (ein Binnenmeer zwischen Sète und Bouzigues) gebracht wurde. Sie hat sich in den dortigen Gewässern akklimatisiert und wird mithilfe von Aquakultur kultiviert.

Bei Ebbe kann man sich selbst an die Algenernte machen, vorausgesetzt man erkennt (ähnlich wie bei der Pilzsuche) die genießbaren Arten. Man sollte jedoch keine Algen vom Strand oder aus den Löchern zwischen den Felsen einsammeln, da diese treibenden Algen von starken Strömungen oder Unwettern losgerissen wurden, dadurch ihre gesundheitsfördernden Eigenschaften verloren haben (und darüber hinaus ungenießbar geworden sind).

Im folgenden Glossar werden die Algen vorgestellt, die im Handel erhältlich sind. Zum größten Teil handelt es sich dabei um wilde Algen, die in der Bretagne geerntet oder aus den Anbaugebieten in Japan importiert werden.

Frisch oder getrocknet?

In der Küche werden Algen entweder wie Gemüse (im Ganzen, roh oder gekocht) oder wie Kräuter (in kleinen Mengen, zum Würzen oder als Garnitur) verwendet. Im Gegensatz zu der landläufigen Meinung erhalten längst nicht alle Speisen durch Zugabe von Algen einen Geschmack nach Meerwasser. Außer ihrem von vielen geschätzten eigenem Geschmack bewirken sie häufig eine Verstärkung der Aromen der Lebensmittel, mit denen sie gekocht werden.

Im Handel (Asia-Shops, Reformhäuser, Bioläden, Fischhändler, Gemüsehändler, Versender oder direkt bei den Algenproduzenten) gibt es die Algen in unterschiedlichen Formen:

- frisch geerntet (im Kühlschrank halten sie sich zwei bis fünf Tage, aber sie lassen sich auch einfrieren);
- frisch und in grobem Salz konserviert (luftdicht verschlossen halten sie sich so im Kühlschrank mindestens ein halbes Jahr). Vor dem Verzehr sollten sie sorgfältig abgespült werden, um eventuelle Verunreinigungen wie Muschelpartikelchen zu entfernen und anschließend 3 bis 5 Minuten in kaltem Wasser gewässert werden. Danach sollten sie innerhalb von 24 Stunden verzehrt werden.
- getrocknet als ganze Algen oder als Algenflocken. Sie müssen geschützt vor Licht und Feuchtigkeit aufbewahrt werden, z.B. in Teedosen, und halten sich dann bis zu zwei Jahre (Verpackungsbeilage beachten, denn manche getrockneten Algenarten halten sich sogar mehrere Jahre). Sie werden zunächst in kaltem Wasser gewässert, wobei die Dauer je nach Algenart variiert. *Arame* beispielsweise wird nur einige Minuten gewässert. *Dulse, Meersalat, Nori, Wakame* etwas länger (bis zu einer Stunde) und *Hijiki, Kombu und Meeresspaghetti* je nach Verpackungsbeilage. Nach dem Wässern sollten auch diese Algen innerhalb von 24 Stunden verzehrt werden (das Einweichwasser kann zum Würzen des Gerichts verwendet werden, es hat jedoch einen hohen Jodgehalt). Algenflocken sollte man vor dem Gebrauch in Wasser, Essig, Zitronensaft oder Weißwein einlegen. Man kann sie als Pulver oder eingelegt kaufen. Bei der Zubereitung sollten die jeweiligen Herstellerangaben (Einweichzeit, Gewichtszunahme von trocken zu eingeweicht) beachtet werden.

Zudem gibt es Algenmischungen in Flockenform, z.B. den Meeressalat (Dulse, Meersalat, Nori und Wakame) sowie bereits fertige Zubereitungen, wie Algentatar, Algen-Bouillon, Algensalz, usw.

Algenglossar

agar-agar

Agar-Agar ist ein Algenextrakt aus Rotalgen (gemahlen, als Fäden oder als Block im Handel), der als Geliermittel dient und sehr viel gesünder und effizienter ist als die tierischen Produkte. Agar-Agar eignet sich unter anderem hervorragend für Aspik, Flans, Gelees und Süßspeisen, da es geschmacks- und farbneutral ist. Fruchtgelees mit Kiwifrüchten oder Ananas gelieren nur mit Agar-Agar. Ein Teelöffel Agar-Agar reicht aus, um einen Liter Flüssigkeit zu binden. Je nach Hersteller sind die benötigten Mengen unterschiedlich; am einfachsten hält man sich an die auf den Packungen angegebenen Werte. Darüber hinaus ist Agar-Agar sehr kalorienarm.

ao-nori

Meereshaar

Enteromorpha sp.

Die langen, feinen grünen Fäden dieser Algen bedecken bei Ebbe – wie Haare- ganze Felsen. Die recht jodarme Ao-Nori wird von April bis Mai geerntet. Ihr feines Aroma eignet sich frisch und klein gehackt für Salate und Bouillons. In der Pfanne gebraten ist sie eine leckere Beilage. Getrocknet bereichert sie Vinaigrettes, Omelettes und Saucen. Sie ist reich an Proteinen, Ballaststoffen, Eisen und Vitamin A.

arame

Eisenia bicyclis

Diese im getrocknetem Zustand fast schwarze Braunalge hat, wenn sie jung in Japan geerntet wird, eine zarte Struktur und einen milden Geschmack. Arame sollte zunächst gekocht oder eingeweicht werden. Sie ist reich an Proteinen und enthält viel Jod.

carrageen

Irländisch Moos

Chondrus crispus

Gemahlen dient Carrageen vor allem als Geliermittel (und ist damit Bestandteil vieler industriell erzeugter Lebensmittel, z.B. als Quell- oder Ballaststoff). In der Bretagne wird mit ihrer Hilfe ein Algenkuchen aus gezuckerter und gelierter Milch mit Vanille, Karamell oder anderen Geschmacksrichtungen hergestellt.

Frische Algen (von links oben nach rechts unten): Meeresspaghetti, Nori, Dulse, Wakame, Kombu, Meersalat

dulse

Rotalge

Palmaria palmata
(früher: Rhodymenia palmata)

Die zarten roten oder bräunlichen streifenförmigen Blätter der Dulse werden von September bis Dezember geerntet. Sie erinnert im Geschmack ein wenig an Haselnuss. Roh schmeckt sie gut in Salaten oder zu rohem Gemüse, kurz gekocht bereichert sie Saucen, Eintöpfe, Vinaigrettes und Gerichte mit Meeresfrüchten. Sie ist sehr reich an Proteinen und Mineralien: Kalzium, Jod, Eisen, Magnesium und Phosphor. Außerdem besitzt sie einen sehr ausgeglichenen Anteil an Vitamin A, B_6, B_{12}, C und E. Dulse werden getrocknet häufig in Flockenform angeboten.

glasschmalz

Salzkraut, Queller

Salicornia herbacea

Glasschmalz ist im eigentlichen Sinn keine Alge sondern eine Salzwiesenpflanze, die im Wasser wurzelt. Seeleute konservierten sie in Salz, denn ihr hoher Vitamin-C-Gehalt war ein guter Schutz gegen Skorbut. Heute wird sie meist als Konserve in Essig eingelegt angeboten und wie ein Gewürz verwendet oder sie liegt frisch (von Mai bis Juni) in Fischhandlungen aus. Sie ist sehr reich an den Mineralien Jod, Phosphor und Kalzium und an den Vitaminen A, C und D.

hijiki

Hizikia fusiforme

Diese Braunalge mit kleinen spitzen Blättern ähnelt getrocknet schwarzen Strohhalmen, ist bissfest und schmeckt nach Meer (aber nicht nach Fisch). Die Alge wird in Japan im Frühjahr geerntet, zunächst gewässert und dann z.B. im Wasserdampf, sautiert, gedünstet, mit Gemüse (Karotten, Kartoffeln), im Omelette oder mit Tofu verzehrt. Sie ist reich an Vitamin B_{12} und an Mineralien (34% ihres Gewichts): Kalzium, Eisen, Jod und Phosphor.

kombu

Seekohl

Laminaria digitata

Diese Kombu ist an ihren langen dunkelgrünen streifenartigen, fleischigen Blättern und ihrem rauchigen Geschmack nach Jod leicht zu erkennen. In der Bretagne, wo sie im Überfluss wächst, wird sie von Mai bis Oktober geerntet. Sie wird hauptsächlich dazu benutzt, um den Kochvorgang von Hülsenfrüchten zu beschleunigen oder um damit Fisch oder Fleisch zu umwickeln. Aufgrund der dicken Blätter muss diese Alge recht lange gekocht werden. Sie ist reich an Mineralien: Kalzium, Jod, Magnesium, Phosphor, Kalium und Natrium.

Getrocknete Algen (von links oben nach rechts unten): Dulseflocken, Meersalatflocken, Agar-Agar, Noriflocken, Algenflockenmischung, Wakame, Meeresspaghetti, Kombu

kombu royal

Laminaria saccharina

Diese Kombu-Algenart besteht aus langen bräunlich grünen, schmalen Blättern mit wellenförmigen Rändern. Die zugleich süßlich und nach Jod schmeckenden Blätter sind fleischig und zum Rand hin zarter. Kombu (eine Braunalgenart) wird zwischen März und Mai geerntet. Sie wird häufig unter Hülsenfrüchte gemischt oder dazu benutzt, Speisen zu ummanteln. Auch als Beilage gekocht schmeckt sie ausgezeichnet, je nach Kochzeit von bissfest und knackig bis zu butterweich. In Deutschland wird Laminaria saccharina bei List auf Sylt angebaut. Sie wird noch jung und dünn geerntet und enthält dann weniger Jod. In Japan dient eine lokale Varietät (Laminaria japonica) als Basis für Dashi, die leichte japanische Brühe, die in keiner Küche des Landes fehlt. Nach längerer Kochzeit wird sie für das japanische Eintopfgericht Oden benutzt. Sie ist sehr reich an Mineralien: Kalzium, Jod, Kalium und Natrium.

meersalat

Ulva lactuca

Die leuchtendgrüne Alge ähnelt optisch Salatblättern und ist weltweit sehr verbreitet. Sie wird von April bis Juni und im Oktober geerntet. Sie ist zart und dennoch bissfest, der Geschmack ist frisch und würzig und erinnert etwas an Sauerampfer. Meersalat (diese Grünalge wird auch Meereslattich genannt) findet in vielerlei Gerichten Verwendung: roh in Salaten oder mit rohem Gemüse, gehackt in Saucen, Eintöpfen, Omelettes, Vinaigrettes, als Gemüsebeilage z.B. mit Erbsen gemischt und vor allem als Ummantelung für zahlreiche Speisen. Sie ist mineralstoffreich: Kalzium, Eisen und vor allem Magnesium und reich an den Vitaminen A und B_{12}.

meeres-spaghetti

Meeresbohne

Himantalia elongata

Die langen schmalen olivgrünen Blätter sind zart und würzig. Die beste Ernte stammt aus den Monaten Mai bis August, denn dann schmecken die Blätter besonders zart und nicht so intensiv würzig. Jung schmecken sie roh, doch am besten werden sie »al dente« in dem Wasser gekocht, in dem sie kurz zuvor eingelegt waren, wie Spaghetti oder grüne Bohnen, oder blanchiert (etwa 30 Sekunden) als Beilage zu Gemüse, Fisch und Reis. Sie sind mineralstoffreich und Vitamin-C-haltig.

nori

Porphyra tenera

Die schwarzglänzenden Blätter der Nori besitzen einen Purpurschimmer und sind fein und hauchdünn (eine einzige Zellschicht dick). Ihr Geschmack nach rauchigem Tee und getrockneten Pilzen ist sehr charakteristisch. Die verschiedenen Varianten der Rotalge Porphyra werden zwischen Oktober und April in den kalten Ozeanen geerntet. Die Nori (japanisch für »Alge«) wird frisch und getrocknet aus Japan importiert. In Wales und Irland wird die Porphyra auch Laver genannt. Sie wurde dort schon vor Jahrhunderten gesammelt. Sie wird gekocht und zu so genannter »schwarzer Butter« oder zu Mehl verarbeitet. In der japanischen Küche sind die häufig aus mehreren Porphyra-Varianten gepressten Blätter besonders wichtig für maki sushi und gunkan.

Das sind mit Seeigel, Thunfisch, Krabben oder Lachseiern und Reis gefüllte Sushirollen. Frisch (oder luftgetrocknet) werden die Blätter lange in Sojasauce gekocht und dann mit Reis gegessen. Gegrillt und dann zerstoßen bereichern sie Saucen und Eiergerichte. Zudem ist diese Alge am Besten zum Backen geeignet. Sie ist reich an Proteinen (28 bis 35% ihres Gewichts), Mineralien (Kalzium, Eisen, Magnesium, Phosphor) und den Vitaminen A, B_1, B_2, B_6 und B_{12} (100%).

wakame

Undaria pinnatifida

Wakame ist eine große Braunalge mit Blättern, die wie abgeschnitten aussehen. Die Blätter sind weich, die Rippen knackig, wobei diese auch entfernt werden können. Sie wird durch ein Gemisch aus dezentem Meergeschmack und Austern charakterisiert. Wakame wird in Kulturen angebaut und im März und April geerntet. Ihre Blätter schmecken roh (nur eingeweicht, dann werden die Blätter grün) oder blanchiert in Salaten (z.B. im Gurkensalat) oder in einer Vinaigrette. Gekocht wird sie in viele Eintöpfe gemischt, sie passt zu Hülsenfrüchten und gehört in Japan unbedingt zur Miso-Suppe. Sie ist reich an Mineralien (Kalzium, Eisen, Magnesium, Phosphor) und Vitamin A.

Glossar

Bouquet garni
Ein Würzstrauß, dessen wesentliche Bestandteile Estragon, Kerbel, Lorbeerblatt, Petersilienstängel und Thymian sind, eventuell auch Salbei, Selleriekraut oder Rosmarin. Sehr oft ergänzt durch Karotte, Lauch oder Selleriestückchen. Die Zutaten werden mit einem Küchengarn zusammengebunden (oder in ein Mullsäckchen gegeben), mitgekocht und vor dem Servieren entfernt.

Colombo-Gewürzmischung
Eine Gewürzmischung, die als Pulver (Poudre de Colombo) oder Paste angeboten wird. Die getrocknete Mischung von den französischen Antillen besteht aus Jamaikapfeffer, Senfkörnern, Koriander, Kurkuma, Safran und Zimt. Die von den karibischen Inseln Martinique und Guadeloupe stammende Mischung beinhaltet Knoblauch, Chilischoten, Kurkuma, Koriander und Senfsamen.

Erquy
Fischereihafen in der Bretagne, bekannt für die grünen Erquy-Seeigel, aber auch für Jakobs- und Venusmuscheln.

Fleur de Sel de Guérande
Mittelkörniges Salz mit feinem, intensivem Geschmack aus den Salzgärten im Süden der Bretagne, in der Nähe der Stadt Guérande. Die Paludiers – die Salzbauern – bieten auch das gröbere Sel gris an.

Guineapfeffer
Dieses auch als Paradieskörner bezeichnete Gewürz ist mit dem Kardamom verwandt und wurde vor dem Bekanntwerden des »echten« Pfeffers (piper nigrum) als Pfeffer gehandelt. Die braunroten Samen von der afrikanischen Westküste schmecken pfeffrig und brennend-scharf. Als Ersatz kann auch normaler Pfeffer mit Ingwer gemischt werden.

Inuit
Wörtlich übersetzt bedeutet Inuit »Mensch«. Dieses aus Asien stammende Volk siedelte in mehreren Einwanderungswellen in Alaska und später in unterschiedlichen Gruppen im Nordwesten Kanadas und anderen Gebieten.

Kartoffeln
Kartoffeln werden nach Ihren Kocheigenschaften unterschieden. Die folgenden Sorten finden in diesem Buch Verwendung:
Fest kochende Sorten: Bamberger Hörnchen (Spätkartoffel, alte deutsche Sorte, gelbfleischig, nur noch in Delikatessläden erhältlich); Charlotte (französische Züchtung, lange Form, gelbfleischig mit gelber Schale, von Juni bis März erhältlich); Ditta (tief gelbfleischige Herbstkartoffel aus Österreich, lange Form, gelbschalig); La Ratte (alte französische Sorte, lang-oval, gelbschalig, Delikatesskartoffel, feiner Geschmack, erhältlich im Feinkosthandel); Violette noir (Spätkartoffel mit blau-violetter Schale, auch Trüffelkartoffel oder Vitelotte genannt, mit angenehmem Nussaroma und blauweiß marmoriertem Fleisch, nur im Feinkosthandel).

Vorwiegend fest kochende Sorten: Desiree (aus Holland, rotschalige, mittelfrühreife Kartoffel, gelbfleischig); Roseval (rotschalige Frühkartoffel, ursprünglich aus Frankreich, gelblich-rotfleischig, längliche Form); Spunta (hauptsächlich aus Südeuropa, birnenförmig, gelbschalig, helles Fleisch, Frühkartoffel von März bis Juni).
Mehlig kochende Sorten: Typisch für diese Kartoffelsorten ist ihr hoher Stärkegehalt und ihre trockene Konsistenz. Sie eignen sich hervorragend als Beilage zu soßenreichen Gerichten oder für Klöße und Pürees.

Paprikaschoten del piquillos

Spitze, rote, dünnhäutige Gemüsepaprikaschoten aus Spanien (Navarra und La Rioja). Sie können durch andere Paprikaschoten aus dem Glas ersetzt werden.

Piment d'Espelette

Pulver aus den gleichnamigen kleinen, spitzen, roten Gewürzpaprikaschoten. Es ist das typische Gewürz des Baskenlandes. Ursprünglich aus Südamerika kommend, wird die Pflanze rund um den Ort Espelette angebaut. Der Geschmack des Pulvers ist milder als Chilipulver, aber kräftiger als Paprikapulver.

Schalotten, grau

Diese kleine, ovale Schalotte hat eine feste Struktur und einen ziemlich scharfen, aber feinen Geschmack. Ersatzweise rosa Schalotten oder Knoblauch verwenden.

Sot-l'y-laisse

Dieser Ausdruck bezeichnet beim Geflügel zwei löffelgroße Filetnüsschen aus dem Rücken (was wörtlich übersetzt »ein Narr, wer's dranlässt« bedeutet), die in Frankreich als besondere Delikatesse angeboten werden. Die beiden länglich runden Muskelstücke sitzen oberhalb der Schenkel am Rücken direkt an der Karkasse. Der Feinkosthandel oder -versand bezieht »Sot-l'y-laisse« direkt aus Frankreich, da dieses Filetstück bei Wild- und Geflügelhändlern häufig unbekannt ist.

Tellines-Muscheln

Kleine helle Muscheln, die im Golfe de Lion im Süden Frankreichs vorkommen.

Tonkabohne

Sie ist die Frucht (Samen) eines Schmetterlingsblütlers. Ihre Heimat ist das nördliche Südamerika und Guinea. Tonkabohnen wurden lange Zeit als Vanille-Ersatz genutzt: ihr Geschmack ist honigartig süß mit einer leichten Bitternote, sie duftet heuähnlich. Sie findet sparsam Verwendung in Süßspeisen, Saucen, Kartoffelpüree und Schokoladentorte.

Vanille

Die aus Mexiko stammende Orchideenpflanze war bereits den Inkas bekannt. Sie gedeiht heute in vielen tropischen Ländern. Am bekanntesten ist die Bourbon-Vanille (von den Inseln La Réunion, Madagaskar und von den Komoren). Am teuersten ist die seltene Tahiti-Vanille.

Wan-Tan-Hüllen

Sie sind im Asia-Shop oder gut sortierten Supermärkten erhältlich. Es gibt sie in verschiedenen Packungsgrößen, z.B. ca. 40 große (10 cm) oder 70 kleine (8 cm) Teigplatten. Übrig gebliebene Teigplatten können tiefgefroren werden.

Rezeptverzeichnis nach Algen

agar-agar

algenflocken

dulse

kombu

kombu royal

meeresspaghetti

meersalat

nori

wakame

Rezeptverzeichnis nach Sachgruppen

vorspeisen & suppen

fische & meeresfrüchte

fleisch & geflügel

gemüse & getreide

beilagen

desserts

Nützliche Adressen

Frische und getrocknete Algen erhalten Sie in guten Reformhäusern, in Naturkostläden, im Feinkosthandel und in Asia-Shops. Auch Ihr Fisch- oder Gemüsehändler kann Ihnen auf Bestellung frische Algen direkt über den Fisch- oder Gemüse-Großmarkt besorgen. Im Angebot kann es saisonbedingte Schwankungen geben.

Wir haben für Sie einige Adressen von speziellen Anbietern zusammengestellt. Diese Auswahl erhebt keinen Anspruch auf Vollständigkeit und möge Ihnen als Hilfe dienen, falls Sie in Ihrem Umkreis keine Algen bekommen sollten:

Deutschland

Nordisches Lachskontor GmbH
Am Lunedeich 108
D-27572 Bremerhaven
Telefon +49 (0) 471 / 760 32
Fax +49 (0) 471 / 770 59
Mail mail@lachskontor.de
www.lachskontor.de
Versand von gemischten Algenpaketen (2 kg), in Salz konserviert

Arche Naturprodukte GmbH
Liebigstr. 5 a
D-40721 Hilden
Telefon +49 (0) 21 03 / 500 56
Fax +49 (0) 21 03 / 50 00 85
Mail
arche@arche-naturprodukte.de
www.arche-naturprodukte.de
Anbieter hochwertiger, getrockneter Algen, Vertrieb im Naturkosthandel

Bos Food GmbH
Grünstraße 24 c
40667 Meerbusch
Telefon +49 (0) 21 32 / 13 90
Fax +49 (0) 21 32 / 13 91 00
Mail service@bosfood.de
www.bosfood.de
Versand von frischen (saisonal), eingelegten und getrockneten Algen

Wissenswertes zum Thema Speisealgen aus der Nordsee erfahren Sie im Internet unter: www.algenfarm.de

Schweiz

Bio-Service F. Lauper SA
Rue de la Gare 13
CH-2074 Marin-Epagnier
Telefon +41 (0) 32 / 753 11 11
frische und getrocknete Algen, beliefert keine Privatkunden

Vatter
Der biologische Supermarkt
Bärenplatz 2
CH-3011 Bern
Telefon +41 (0) 31 / 313 11 11
diverse getrocknete Algen, kein Versand

Sprossen fürs Leben
Pierre-Louis
Vermot-Petit-Outhenin
Postfach 541
CH-6023 Rothenburg
Telefon +41 (0) 41 / 280 70 55
Mail vermot@freesurf.ch
diverse Algen in Salz konserviert

Frische und getrocknete Algen sind im »Globus« erhältlich.

Wissenswertes zum Thema Algen erfahren Sie im Internet auch unter: www.algues.ch.

Bücher für Genießer

Sushi heißt »Krönung der Freude« und die japanische Kunst, sich aufs Wesentliche zu konzentrieren und daraus das Schönste zu schaffen, bewundern Kreative und Genießer der ganzen Welt. Das sinnlichste Beispiel dafür ist Sushi. Ein paar Handgriffe, und aus Reis und Fisch wird ein delikates Kultobjekt: Herrlich frischer Fisch, behutsam gegarter Reis, abgestimmte Aromen und mit Gefühl geführte Hände – mehr braucht es nicht, um gute Sushi zu machen. Das Buch dazu ist ebenso einfach, klar und perfekt.

Sebastian Dickhaut / Tokami
Sushi – Kultur und Genuss
88 Seiten mit 110 Fotos, Geschenkband mit Schutzumschlag, ISBN 3-7750-0503-X.

Ein Buch für Austernliebhaber und alle, die es werden wollen. Mit Informationen zu den weltweiten Austernregionen, wie man sie isst, was man dazu trinkt, zu Sorten, Größen und welche Wirkungen ihnen zugeschrieben werden. Mit klassischen und neuen Rezepten der Jeunes Restaurateurs – meisterhaft fotografiert.

Peter Frese
Austern – Huitres – Oysters
224 Seiten mit 340 Fotos, großformatiger Leinenband mit Schutzumschlag, ISBN 3-7750-0255-3.

Sie denken bei Hülsenfrüchten an Linseneintopf und dicke Erbsensuppe? Vergessen Sie's! Hier kommt die neue Generation der Hülsenfrucht-Gerichte: raffiniert, exotisch und leicht zu kochen, von der Vorspeise bis zum Dessert. International bunte Auswahl, ausführliche Warenkunde und Infos.

Monica Cacciatore und Claudia Daiber
Hülsenfrüchte – mit vielen internationalen Rezepten
96 Seiten mit 57 Fotos, Geschenkband mit Schutzumschlag, ISBN 3-7750-0383-5.

Das Besondere (wieder) entdecken und genießen – Neues aus der Welt der Küche frisch auf den Tisch! Alte Kultur- und Nutzpflanzen melden sich zurück in Küche und Garten. Mit vielen Rezepten und bebilderten Steckbriefen werden über 40 dieser wiederentdeckten Gemüse, Kräuter und Beeren vorgestellt. Eine kulinarische Entdeckungsreise in eine Küche mit unglaublicher Aromen- und Geschmacksvielfalt.

Marianna Buser und Antonia Koch
Von fast vergessenen Gemüsen, Kräutern und Beeren
160 Seiten mit 30 Foodbildern und 110 Pflanzenabbildungen, Geschenkband mit Schutzumschlag, ISBN 3-7750-0429-7.

Weitere Informationen über Bücher für Genießer erhalten Sie kostenlos beim
Walter Hädecke Verlag, Postfach 1203, D-71256 Weil der Stadt,
Telefon +49 (0) 70 33 / 13 80 80, Fax 13 80 813, Mail info@haedecke-verlag.de

Danksagung

Die deutsche Redaktion bedankt sich bei Professor Dr. Klaus Lüning von der Algenfarm auf der Wattenmeerstation Sylt und bei Frau Ute Schulze, Arche Naturprodukte für die freundliche Unterstützung bei der Recherche.

Impressum

Die französische Originalausgabe erschien unter dem Titel »Ma Cuisine aux Algues« bei Éditions Solar, Paris 2003.

Übersetzt aus dem Französischen von Franziska Wirth.
Redaktion der deutschen Ausgabe:
Monika Graff.
Satz der deutschen Ausgabe:
Rund ums Buch – Rudi Kern, Kirchheim/Teck.

ISBN 3-7750-0428-9
Printed in France 2004

Abkürzungen & Mengen:

EL = Esslöffel
Msp. = Messerspitze
TL = Teelöffel

g = Gramm
l = Liter
ml = Milliliter

Min. = Minute
Std. = Stunde

Beispiele für die Gewichtszunahme der getrockneten Algen nach dem Einweichen (diese Werte variieren je nach Hersteller):

1 EL Arame, getrocknet (= 1,8 g)
≈ 15 g (Zunahme: 8,3-fach)
1 EL Dulse, getrocknet (= 1,5 g)
≈ 8,4 g (Zunahme: 5,6-fach)
1 Streifen Kombu, getrocknet (= 7,5 g)
≈ 31 g (Zunahme: 4,1-fach)
1 Streifen Wakame, getrocknet (= 4,3 g)
≈ 44 g (Zunahme: 10,2-fach)

Mit * versehene Begriffe werden im Glossar erläutert.